U0590250

# 中国产业转移
## 年度报告

### （2020—2021）

国家工业信息安全发展研究中心　主编

电子工业出版社

**Publishing House of Electronics Industry**

北京·BEIJING

# 内 容 简 介

《中国产业转移年度报告（2020—2021）》（以下简称《报告》）跟踪当前全球及我国产业转移与合作的特点和趋势，对2020—2021年度京津冀地区、长江经济带、粤港澳大湾区、黄河流域及"一带一路"沿线省区市等我国重点区域开展产业转移的情况进行了分析和研究。《报告》还针对国内外新的形势和发展变化开展专题研究，涉及内容包括产业转移与国内国际双循环发展的研究、全球供应链重构下我国产业转移新趋势分析，以及新冠肺炎疫情背景下对我国产业转移的思考和建议等。

《报告》为企业、政府、研究机构等有关各方制定产业转移方略、了解产业转移趋势等提供借鉴和参考。

未经许可，不得以任何方式复制或抄袭本书之部分或全部内容。

版权所有，侵权必究。

**图书在版编目（CIP）数据**

中国产业转移年度报告. 2020—2021 / 国家工业信息安全发展研究中心主编. —北京：电子工业出版社，2021.10

ISBN 978-7-121-42211-9

I. ①中… II. ①国… III. ①产业转移 – 研究报告 – 中国 – 2020-2021 IV. ①F269.24

中国版本图书馆 CIP 数据核字(2021)第 207325 号

责任编辑： 张瑞喜
印　　刷： 中国电影出版社印刷厂
装　　订： 中国电影出版社印刷厂
出版发行： 电子工业出版社
　　　　　 北京市海淀区万寿路 173 信箱　邮编：100036
开　　本： 787×1092　1/16　印张：12.25　字数：213 千字
版　　次： 2021 年 10 月第 1 版
印　　次： 2021 年 10 月第 1 次印刷
定　　价： 198.00 元

凡所购买电子工业出版社图书有缺损问题，请向购买书店调换。若书店售缺，请与本社发行部联系，联系及邮购电话：（010）88254888，88258888。

质量投诉请发邮件至 zlts@phei.com.cn，盗版侵权举报请发邮件至 dbqq@phei.com.cn。

本书咨询联系方式：zhangruixi@phei.com.cn。

# 《中国产业转移年度报告（2020—2021）》

# 编 委 会

**主 任** 赵 岩 国家工业信息安全发展研究中心主任

　　　　 蒋 艳 国家工业信息安全发展研究中心党委书记

**编 委** 夏万利　　冯 媛　　张鲁生　　高 帅

　　　　 刘浩波　　宋晓晶　　黄馨仪　　孔腾淇

　　　　 李 彬　　窦 超　　杨培泽　　李宁宁

　　　　 马冬雪　　吴洪振　　陈 健　　郑 晖

# 前　言

当前，我国产业转移的国内外环境发生了深刻变化。新冠肺炎疫情这一全球公共卫生事件为世界经济踩下"急刹车"，阻碍了全球经济复苏的步伐。国际上，全球产业链、供应链加速重构，发达国家积极谋求优质制造资源和产业链高端环节回流，新兴市场国家以低成本要素优势和政策优惠承接中低端制造业转移，我国的制造业受到双重挤压。国内，区域间发展不平衡不充分问题依然突出，虽然中西部各省区近年来在产业基础、硬件设施、营商环境等方面取得了长足进步，承接国内外产业转移条件不断完善，但是，中西部地区在产业转移过程中仍存在比较优势薄弱、产业转移工作协同机制不完善、"老少边穷"等特殊区域发展滞后等多种问题。

中国共产党第十九届五中全会提出了"加快构建以国内大循环为主体、国内国际双循环相互促进的新发展格局"的重大战略部署。产业转移是深化区域合作、优化生产力布局、构建合理产业分工体系的有效途径，是破解区域发展不平衡、不协调问题的重要举措，是构建以国内大循环为主体、国内国际双循环相互促进的新发展格局的重要手段。未来，在新发展格局下，产业转移必须更加注重统筹发展和安全的关系，以创新为核心要素，以产业链、价值链为建设重点，以城市群和都市圈为发展主阵地，以"人"为源泉动力，在尊重市场规律的基础上，要加强政府的引导，加大加深供给侧结构性改革，破除制度藩篱，通过完善相关政策和措施，推动产业有序转移，厚植我国产业基础，增强我国产业链韧性，推动我国制造业高质量发展。

为及时总结国内外产业转移的新情况、新特点、新动向，分析重点区域产业转移的进展和趋势，展示有关地区推动产业转移的经验做法，促进产业合理有序转移，推动制造业高质量发展，在连续六年编写的基础上，我们继续组织编写了《中国产业转移年度报告（2020—2021）》（以下简称《报告》）。《报告》共分为三篇。第一篇为总体篇，从梳理过去一年国内外产业转移的现状入手，重点分析近期产业转移特点和趋势；第二篇为重点区域篇，主要对京津冀地区、长江经济带、粤港澳大湾区、黄河流域及"一带一路"沿线省区市等我国重点区域产业转移的现状和特点进行剖析；第三篇为专题研究篇，主要对 2020 年以来国内外产业转移中的重大问题开展了专题研究。

希望《报告》能为政府部门、产业界、学术界等有关各方开展产业转移相关工作提供借鉴参考。疏漏和不妥之处，恳请专家和读者批评指正。

本书编委会

2021 年 5 月

# 目录

## 第一篇 总体篇

## 第二篇　重点区域篇

## 第三篇 专题研究篇

第一篇

# 总 体 篇

# 第一章
# 国际产业转移的
# 特点与趋势

当今世界正经历百年未有之大变局。新一轮科技革命和产业变革催生新技术、新产业、新业态、新模式，单边主义、保护主义抬头，新冠肺炎疫情（以下简称疫情）全球蔓延更是这场大变局的催化剂，疫情给全球经济发展带来严重冲击，加剧国际力量此消彼长。诸多因素推动全球制造业的产业格局显著调整，我国承接和开展国际产业转移合作进入新的阶段。

## 一、世界经济复苏不稳定不平衡

受疫情全球蔓延影响，2020 年世界经济陷入大萧条以来最严重的衰退，世界主要经济体相继出台大规模应对政策，推动 2020 年下半年以来世界经济出现反弹，但在第四季度欧美疫情再次大规模暴发，世界经济复苏势头受到一定影响。

2021 年 1 月，联合国发布《世界经济形势与展望》。该报告当时预测，2020 年全球经济下降 4.3%，下降程度是 2009 年全球金融危机期间的 2.5 倍以上。

根据国际货币基金组织（IMF）2021 年 4 月做出的预测，随着新冠疫苗接种工作的陆续部署，2021 年的经济复苏将更加强劲，但它警告称，鉴于全球疫苗接种工作部署的不均衡，经济复苏仍面临着严峻的挑战。预计 2021 年世界经济将增长 6.0%，2022 年全球经济将增长 4.4%。

美国经济复苏具备一定支撑。在大规模宽松政策推动下，2020 年下半年美国经济持续复苏，市场主体信心逐步恢复，在发达经济体中经济韧性相对较强，美国 2020 年 GDP 的增长率为-3.5%。2021 年 3 月美国总统拜登在白宫举行的记者会上宣布，继 1.9 万亿美元"疫情救助计划"之后，将把大规模重建美国技术和实体基础设施作为下一"优先事项"。IMF 预计，美国 2021 年的经济增长率将达 6.4%。

欧洲经济复苏困难较多。欧洲经济受到疫情较强冲击，服务业大规模停摆，投资消费大幅下行，失业率超过 8%，欧盟 2020 年二三季度经济同比分别下降 14%、4.2%。四季度以来欧洲疫情走势依然严峻，各国相继恢复大规模封锁政策。英国经济 2020 年 GDP 下滑 9.8%，欧盟 2020 年 GDP 收缩 6.6%。IMF 预计欧盟 2021 年的经济增长率将达 4.4%。

日本经济前景仍较为疲弱。日本疫情走势相对可控，东亚地区产业链、供应链联系紧密，日本经济受到我国经济稳定恢复的较强带动，但东京奥运会延期对投资消费形成较强冲击，与社会总需求不足、人口老龄化等长期存在的结构性矛盾相互叠加，未来走势仍不容乐观。日本 2020 年 GDP 萎缩了 4.8%，这是近十一年来首次出现经济负增长的情况。由于"低基数效应"影响，IMF 预计 2021 年日本经济增长率将达 3.3%。

世界新兴经济体复苏面临的困难较多。疫情对新兴经济体冲击总体超过预期，印度、巴西、俄罗斯、南非等主要新兴经济体疫情持续蔓延，经济运行受到严重冲击，失业率明显攀升，普遍面临贸易进出口下行、本币贬值、资本外流、海外负债压力加大等较强挑战，国际收支形势更趋严峻，加之新冠疫苗接种进度滞后于发达经济体，对经济复苏形成明显制约。IMF 预计新兴经济体和发展中国家的经济 2021 年将增长 6.3%，其中我国将发挥重要带动作用，预计印度、巴西、俄罗斯、南非 GDP 2021 年将分别增长 11.5%、3.6%、3%、2.8%。

2021 年，世界经济形势仍然复杂严峻，主要经济体将延续宽松的经济政策，全球范围内新冠疫苗接种覆盖率将持续提升，世界经济有望出现恢复性增长。但目前全球疫情走势不确定性仍然较强，疫情冲击带来的各类衍生风险不断凸显，各国刺激经济的政策力度受宏观负债水平攀升的制约，长期存在的结构性矛盾在疫情中进一步暴露，世界经济复苏仍不稳定、不平衡，中长期增长仍面临较强风险挑战。

## 二、全球投资大幅下降，产业转移趋势放缓

在疫情全球蔓延影响下，各国纷纷采取人员出入境管制、交通运输限制等措施，全球生产贸易投资活动急剧下滑。

2020 年全球贸易急剧收缩。2021 年 1 月，联合国发布的《世界经济形势与展望》报告分析，主要经济体之间持续的贸易紧张关系和多边贸易谈判的僵局，在疫情之前就已经限制了全球贸易，而疫情又使全球供应链中断，旅游业大规模下滑，导致全球贸易收缩 7.6%。

2020 年全球外国直接投资大幅下降。2021 年 1 月，联合国贸发会议发布《全球投资趋势监测》。该报告指出，2020 年全球外国直接投资（FDI）大幅下降 42%，约为 8590 亿美元，15 年来首次跌破 1 万亿美元，比 2009 年全球金融危机后的低谷时期还低 30%。预计 2021 年全球 FDI 仍将总体低迷。近期，疫情反弹带来的风险、疫苗接种方案和经济支助一揽子计划的推出速度、主要新兴市场宏观经济形势脆弱，以及全球投资政策环境的不确定性等，都将继续影响 2021 年外国直接投资。投资者对新的海外生产性资产的投资可能会保持谨慎。预计 2021 年全球外国直接投资仍将处于低迷水平，下滑幅度在 5%~10% 左右，在 2021 年年底到达谷底，并于 2022 年开始逐步复苏。

《全球投资趋势监测》报告还指出，FDI 降幅主要集中在发达国家，同比下降了 69%，降至 2290 亿美元，是 25 年以来的最低水平。其中，流向美国的外国直接投资下降了 49%，降至 1340 亿美元。FDI 流入发展中经济体降幅较小，同比下降 12%，降至 6160 亿美元，占全球外国直接投资的比重高达 72%，为历史最高份额。

2020 年中国吸收外资总额逆势上涨，超过美国成为全球最大的外资流入国。在疫情蔓延的早期阶段，受疫情影响，中国的外资流入急剧下降，但疫情在国内得到有效控制，外资流入呈显著上升趋势，截至 2020 年年末，逆势增长 4%，为 1630 亿美元。这主要得益于中国国内生产总值恢复正增长；此外，中国政府在疫情封锁解除后实施的有针对性的投资便利化措施，为稳定投资发挥了积极作用。2020 年，流入中国的对外直接投资在高科技产业增长 11%，在跨境并购项目上增长 54%，跨境并购项目主要集中在信息通信行业和制药行业。疫情期间，跨国公司对中国完善的供应链的依赖也推动了外资在中国的增长，同时中国对一些行业实施的自由化政策措施也促进了新的投资。

## 三、食品、医药和数字信息行业成为投资热点

2020 年，全球投资大幅下降，但是与居民日常生活息息相关的食品和医药行业，代表未来发展方向的电子通信等数字类产业成为投资热点。报告显示，2020 年跨境并购销售额达到 4560 亿美元，同比下降 10%。食品、饮料和烟草行业 2020 年跨境并购价值达到 850 亿美元，比 2019 年增长了两倍多。医药行业的并购销售额虽下降了 43%，但是并购交易数量达到 206 宗，这是该行业有史以来的最高纪录。与数字行业相关的信息通信业、电力和电子设备行业的跨境并购价值也分别增长了两倍多和约一倍（见表 1-1）。

表 1-1　国际投资跨境并购价值前十位行业分布

| 行　　业 | 价值（十亿美元） | | 增长率（%） | 数量（家） | | 增长率（%） |
|---|---|---|---|---|---|---|
| | 2019 年 | 2020 年 | | 2019 年 | 2020 年 | |
| 食品、饮料和烟草 | 20 | 85 | 320 | 187 | 133 | -29 |
| 信息通信 | 25 | 79 | 216 | 1260 | 1212 | -4 |
| 医药 | 97 | 55 | -43 | 184 | 206 | 12 |
| 电力和电子设备 | 20 | 40 | 99 | 273 | 162 | -41 |
| 公共事业 | 12 | 22 | 172 | 189 | 184 | -3 |

（续表）

| 行　业 | 价值（十亿美元） | | 增长率（%） | 数量（家） | | 增长率（%） |
|---|---|---|---|---|---|---|
| | 2019 年 | 2020 年 | | 2019 年 | 2020 年 | |
| 金融保险 | 49 | 28 | -43 | 587 | 543 | -7 |
| 房地产等不动产 | 35 | 21 | -41 | 427 | 316 | -26 |
| 贸易 | 16 | 18 | 8 | 553 | 481 | -13 |
| 汽车产业 | 6 | 17 | 167 | 83 | 36 | -53 |
| 冶炼 | 32 | 15 | -53 | 344 | 523 | 52 |

2020 年已发布的新的绿地投资项目较 2019 年大幅下降 35%，该数据表明外国直接投资进一步下降，显示全球经济将继续面临下行压力。目前已公布的新的绿地投资额为 5470 亿美元，同比下降 35%；资源型行业已公布新建项目总价值急剧下降，第一产业主要是采掘业的新项目投资额下降了 45%，焦炭和精炼石油产品行业新项目投资额下降了 70%，制造业绿地投资项目价值下降了 44%，服务业绿地投资项目价值下降了 26%；信息通信业是少数正增长的行业，并且仍然是绿地投资项目数量最多的行业，投资额同比增长 18%，达到 780 亿美元。根据已发布的新的跨境并购项目来看，2021 年的 FDI 增长将更集中在科技和医疗健康领域的跨境并购项目而非新的经营性资产投资项目（见表 1-2）。

表 1-2　国际投资中绿地投资价值前十位的行业分布

| 行　业 | 价值（十亿美元） | | 增长率（%） | 数量（家） | | 增长率（%） |
|---|---|---|---|---|---|---|
| | 2019 年 | 2020 年 | | 2019 年 | 2020 年 | |
| 公共事业 | 113 | 97 | -14 | 560 | 513 | -8 |
| 信息通信 | 66 | 78 | 18 | 3332 | 2644 | -21 |
| 电力和电子设备 | 53 | 46 | -13 | 1201 | 765 | -36 |
| 化学和化工产品 | 47 | 40 | -14 | 752 | 398 | -47 |
| 建筑 | 66 | 36 | -46 | 437 | 321 | -27 |
| 焦炭和精炼石油产品 | 94 | 28 | -70 | 109 | 55 | -50 |

（续表）

| 行　业 | 价值（十亿美元） | | 增长率（%） | 数量（家） | | 增长率（%） |
|---|---|---|---|---|---|---|
| | 2019 年 | 2020 年 | | 2019 年 | 2020 年 | |
| 交通运输和仓储 | 43 | 26 | -39 | 764 | 586 | -23 |
| 汽车产业 | 62 | 25 | -59 | 1022 | 488 | -52 |
| 贸易 | 22 | 23 | 3 | 688 | 529 | -23 |
| 金融保险 | 24 | 20 | -14 | 1028 | 660 | -36 |

# 四、全球产业链布局向区域化、多元化转变

　　全球产业链在历经近 30 年的发展后，在中美经贸摩擦叠加疫情的冲击下，正面临多重挑战。疫情对全球产业链、供应链中的某些产业带来了"断链"冲击，动摇了单纯从成本角度考虑构建全球化供应链体系的根基，各国、各企业开始从安全、平稳、多元化等多个维度重新审视其供应链。此外，地缘政治紧张局势、贸易限制和民粹主义的保护政策，以及数字经济的发展，都在一定程度上重塑着全球供应链格局，进一步加剧了全球产业链的重构和调整。

　　全球产业分工遵循成本和效率优先的逻辑。但是疫情波及面大、持续时间长，对供应链的影响更加严重和持久，供应链安全的重要性凸显。全球分布的供应链由于要经过多个国家的许多工厂、诸多运输环节，因此在面对疫情冲击时，由于空间距离长、环节多而造成的脆弱性就暴露出来了。许多国家和跨国公司开始反思供应链过于集中带来的风险，疫情将加速全球产业链、供应链多元化和区域化进程。

　　疫情发生后，不少国家的内顾倾向增强，对安全和稳定性的要求上升。不少国家出于分散风险、强化关键战略产业的供应安全等方面的考虑，纷纷加快产业回流的战略部署。例如，美国通过税收杠杆迫使跨国公司将海外利润率高的生产环节回迁本国；日本出台经济刺激计划，通过"供应链改革"支持日本企业把产能搬回国内，或实现生产基地多元化，重点是鼓励口罩、酒精消毒液、医用防护服、人工呼吸器等与民众健康相关的产业回归国内；欧洲的英国、法国、德国等国家则提出加强医疗设备等战略重要性物资的生产，减少对外依赖等。疫情防控中，对防疫物资安全和产业链安全的考量，各国的经济政策愈加内顾，寻求供应链的多元化也成为企业战略的共识。

兼顾风险和成本因素的考虑，全球产业链的区域化特征将进一步凸显。面对疫情所造成的全球产业链、供应链等"链条"的脆弱性问题，在风险规避驱动和政府主动引导下，跨国公司在全球的生产供应链布局将兼顾效率与风险的平衡，而非仅考虑收益成本问题，这将推动全球产业链、供应链向多元化发展，也是全球产业链转型的重要方向。疫情进一步凸显了全球产业链、供应链的脆弱性，暴露了大多数企业过于依赖一两个主要供应来源的风险。很多企业重新评估其供应链，建立更有弹性、多元化的供应链，规避贸易壁垒，降低突发事件冲击，防范供应风险。供应链重组并不必然意味着本土化，而是通过地区多元化来降低风险。以微芯片供应链为例，日本在全球微芯片供应链中占据重要地位，但福岛核事故后，很多跨国公司为分散风险，开始将部分采购和生产转移到其他国家如韩国，而非转回本国。

全球产业链过去拉得比较长，现在呈现出"缩短"的态势。麦肯锡全球研究院的相关研究显示：几乎所有商品生产价值链中的贸易强度（即总出口与总产出的比率）都有所下降，而且在那些最复杂和交易量最大的价值链中，贸易强度的下降尤为明显。疫情发生后，原来分包给不同的国家和企业生产、以各种生产工序作为分工环节的全球分工，会逐步回归到跨国公司内部或者跨国公司控制范围之内的区域当中去。也就是说，未来全球产业链的变化趋势是，原先被分出去的产业分布在全球各地，现在又要回归和落实在一个自主可控的空间。

## 五、我国开展国际产业转移合作优势依然显著

近几年，中美贸易摩擦不断，发达国家强调重振制造业、制造业回流，发展中国家低成本优势显现，疫情蔓延等加剧了全球产业链的多元化和区域化。面对如此多的不利因素，我国在承接和开展国际产业转移上表现仍旧突出。在全球经济大衰退中，我国经济独树一帜，2020年我国GDP逆势增长2.3%，突

破 100 万亿元（书中未明确标注时"元"均指人民币单位元）。全年货物进出口总额 32.2 万亿元，比 2019 年增长 1.9%。吸收外资逆势上涨 4%，为 1630 亿美元，超过美国成为全球最大的外资流入国。此外，我国对"一带一路"沿线国家的货物贸易额为 1.4 万亿美元，增长 0.7%。对沿线国家非金融类直接投资 177.9 亿美元，增长 18.3%。

从历史经验看，资本逐利和技术进步是全球化发展的主导力量，也是影响全球产业分工的原动力。故从长期视角看，经济因素是影响全球产业链格局的根本性因素，政治因素和冲击类因素主要是在短期对全球产业布局造成扰动，如果基于政治考量或分散风险等考量而采取的政策措施未能转换为一国的长期竞争优势，那么最终政治因素和冲击类因素对全球产业链带来的冲击和影响将逐步削弱。

中国是世界最大的工业国，一些发达国家和跨国公司尝试在中国之外培育新的供应来源。但实现供应链的多元化、本土化要受到诸多因素的影响，而且投资大、历时久。目前，凭借着完整的产业体系、庞大的国内市场，我国仍将继续成为全球生产体系的主要组成部分。

中国拥有强大的经济韧性和制度优势。作为全球产业链的重要环节，中国成功复工复产不仅对国内经济恢复有着重要作用，也展现了中国经济发展的强大韧性，以及相对其他市场的制造优势，体现了中国国家制度和国家治理体系的强大生命力和显著优越性。

中国拥有巨大的市场规模和潜力，未来外资在华企业可能会尽量把面向中国市场的全产业链放在中国。即便跨国公司出于多元化等诸多因素的考虑，存在转出部分产能的可能，但由于中国庞大的市场规模和潜力，未来中国依然会是跨国公司最重要的市场之一，产业链大规模外移的可能性很小。中国美国商会发布的 2020 年《美国企业在中国白皮书》显示，多数美国企业认为，中国国内消费和日益庞大且富裕的中等收入群体崛起带来的增长是它们发展的最大机遇，持续性经济和市场改革是第二大机遇，因此尽管面临疫情、中美经贸摩擦等部分负面因素的影响，但大多数美国企业并没有离开中国的打算，不少企业还计划扩大对华投资。中国欧盟商会与罗兰贝格咨询公司发布的《中国欧盟商会商业信心调查 2020》显示，中国市场对大多数在华欧盟企业有着强烈吸引力，超六成受访企业表示，中国仍是其前三大投资目的地之一。而且，部分尚未在中国投资建厂的企业，出于分散风险、扩大市场规模等考虑，也可能来华开拓商机，结果会直接或间接助推中国产业转型升级。中国欧盟商会的调查报告显示，有74%的欧洲受访企业表明愿意将其最新的技术带到中国，以支持它们在中国的销售和市场的扩张。

中国拥有劳动力数量质量、生产效率、配套基础设施等优势。尽管中国劳动力成本提高，但却拥有全世界数量最庞大的熟练劳动力群体，且电力、运输等配套基础设施的完善程度要远高于东南亚等潜在产业链搬迁地。同时，中国制造业基础扎实、实力雄厚，产业链集群优势明显，制造业生产效率显著高于绝大多数新兴经济体，2018年越南制造业人均产出略高于1万美元，而中国为2.7万美元。此外，随着中国经济金融开放程度日益提高，营商环境不断改善，知识产权保护力度不断加大，产业链、供应链专业化程度和产业集群效应将不断增强，对跨国公司的吸引力将日益增强。

**（本章由张鲁生负责编写）**

# 第二章
# 国内产业转移合作现状与特点

产业转移是构建新发展格局、促进区域协调发展、优化产业空间布局、增强产业链韧性的有效途径。近年来，我国不断推动产业在国内的有序转移，并大力承接国外相关产业向我国转移，取得了积极的成效。当前，全球产业链、供应链加速重构，我国制造业发展环境正在发生着深刻复杂的变化。我国的产业转移更加注意统筹发展和安全的关系，着力迈向融通双循环的新发展阶段，一方面加强双向转移合作，增强促进国际大循环的动力；另一方面，国内产业转移质量和水平进一步提升，畅通国内大循环。从国内区域之间来看，我国大规模产业转移的动力减弱，沿海地区向内陆产业转移趋缓，中西部地区转型升级力度加大。从外商投资来看，我国利用外资流量逆势平缓增长，总体上呈现出一定的向中西部转移的趋势。制造业利用外资比重持续下降，高技术产业利用外资比重不断提升，利用外资服务化趋势明显。从承接产业转移的影响因素来看，我国劳动力成本上升，在市场影响方面"人口红利"向"人才红利"转变；矿产资源勘查开发重心向西部转移、向海域拓展；营商环境逐步改善，制度性交易成本逐步降低。同时，产业转移合作的机制和模式不断创新，区域中心城市和城市群成为产业转移的重点。

# 一、迈向融通双循环的新发展阶段，更加注意统筹发展和安全的关系

当前，外部环境中的不稳定不确定因素较多，国际经济合作依然存在诸多风险。我国科学研判内外部环境的变化，充分利用国内、国际两个市场、两种资源，积极促进内需和外需、进口和出口、引进外资和对外投资协调发展，推动产业转移迈向新发展阶段。

**加强双向转移合作，增强促进国际大循环的动力。**一是面向高端前沿领域，积极承接国际产业大项目。2020 年 7 月，54 个外资项目在上海集中签约，涵盖网络科技、人工智能、生物医药、集成电路等领域。2020 年英特尔宣布携手南京共建"未来科技智慧中心"，双方将逐步建设智慧园区，推广智能楼宇、智慧办公、智能制造、智慧交通、智能机器人等应用。欧洲最大软件公司思爱普与山东莱芜高新区签约，思爱普智能制造创新赋能产业园项目落地。二是以完备的产业体系稳定国际供应链。2020 年下半年以来，印度多家大型出口型纺织企业因疫情无法保证正常交货，而欧美零售商为了确保感恩节、圣诞节等销售季节供货不受冲击，纷纷将本来在印度生产的订单转移到中国来生产。面对"逆全球化"、疫情蔓延而动荡不已的国际产业链、供应链，"中国制造"以完备的产业体系弥补临时性的订单缺口，起到了稳压器的作用，满足了全球消费者市场的需求。三是国际区域合作迈上新台阶，一带一路建设稳步推进。2020 年 11 月 15 日，东盟十国及中国、日本、韩国、澳大利亚、新西兰 15 个国家，正式签署区域全面经济伙伴关系协定（RCEP），我国自贸协议覆盖率达到 35% 左右。RCEP 协定签署之后，区域内的资源、商品、技术、资本、人才流通都会更加便利，产业转移合作将更加通畅。同时，我国经济的内循环已经开始与"一带一路"沿线国家市场融为一体。截至 2019 年年底，中国已经同 138 个国家和 30 个国际组织签署了近 200 份共建"一带一路"合作文件。我国与沿线国家累计贸易额超过 7.3 万亿美元，其中，2019 年超过 1.3 万亿美元，占对外贸易总额比重由 2013 年的 25.0% 增至 29.4%。

**国内产业转移质量和水平进一步提升，畅通国内大循环。**一是转移承接更

为有序。各地在产业转移和承接过程中更加注重根据本地资源禀赋条件，综合考虑产业基础和市场空间，加强对产业转移的规划和布局。2020 年，皖北承接产业转移集聚区亿元以上在建安徽省省外投资项目 1077 个，同比增长 15.93%；实际到位资金 2637.99 亿元，同比增长 11.02%，均实现两位数增长。二是以创新为引领，加强新兴产业的集群承接和培育。目前，广东省新兴产业集群化发展具备一定基础，半导体与集成电路、高端装备制造、智能机器人、区块链与量子信息、前沿新材料、新能源、激光与增材制造、数字创意、安全应急与环保、精密仪器设备等十大战略性新兴产业集群 2019 年营业收入合计达 1.5 万亿元，集聚效应初步显现，增长潜力巨大。三是以"链长制"为着力点推动关键产业链的"补链、强链、优链"。"链长制"作为产业治理实践手段，已成为多个省市推动关键产业链高质量发展的重要抓手。2020 年全年，实施"链长制"的省份有浙江省、湖南省、江西省、江苏省、山东省、黑龙江省、河南省等；市级层面有合肥、长春、深圳、包头、苏州、南京、德州、济南、菏泽、莆田等十余座城市。各地推动关键产业链的"补链、强链、优链"，有效地应对了外部冲击、提升经济发展质量。

**更加注重实现发展和安全的动态平衡。** 当前，国际经济格局深度调整，大国之间的博弈日趋激烈，疫情对未来的全球产业链、供应链产生深远的影响。近年来我国制造业向外转移有加速的趋势，制造业比重有所下降。各地在推进产业转移的过程中更加注意统筹发展和安全的关系，尤其是维护产业链、供应链的安全性和稳定性。例如，山东省聚焦重点领域、关键节点着重补齐补强，加快构建自主可控、安全可靠的生产供应体系，确保关键时刻不掉链子。目前，国内已形成共识，要保障产业链安全，在注重维持一定规模的基础上，突出强调提高产业链关键核心环节的根植性，把根留下、把魂留住。

---

**专栏 2-1　新发展格局下推动产业转移的重要意义**

世界正处于"百年未有之大变局"、中国正处于"两个一百年"的历史交汇点，面对内外部环境的深刻变化，必须"直面经济全球化遇到的挑战，使经济全球化朝着更加开放、包容、普惠、平衡、共赢的方向发展。"

2020 年 5 月 14 日，中共中央政治局常委会会议首次提出"构建国内国际双循环相互促进的新发展格局。"2020 年 10 月 29 日，党的十九届五中全会通过的《中共中央关于制定国民经济和社会发展第十四个五年规划和二〇三五年远景目标的建议》提出，要加快构建"以国内大循环为主体、国内国际双循环相互促进的新发展格局"。这意味着"畅通国内大循环为我国经济发展增添动力"但"绝不是关起门来封闭运行，而是通过发挥内需潜力，使国内市场和国际市场更好联通，更好利用国际国内两个市场、两种资源，实现更加强劲可持续的发展。"双循环新发展格局是"应对错综复杂的国际环境变化的战略举措"，也是"适应我国经济发展阶段变化的主动选择"。"推动双循环必须坚持实施更大范围、更宽领域、更深层次对外开放"，只有在畅通"国内循环"的基础上，提升国内"供应链""产业链"和"价值链"质量，才能更加主动、高质量地实现"国际循环"并形成"国内国际双循环相互促进"的新发展格局。"推进共建'一带一路'高质量发展，实现高质量引进来和高水平走出去"是当前我国推动更高水平对外开放的重要发展理念，而产业转移则是实现这一发展理念的关键方式。

## 二、东部地区向内陆产业转移趋缓，中西部地区转型升级力度加大

自 2001 年国家提出西部大开发战略以来，东部地区产业持续向中西部地区转移，到 2014 年，东部地区的地区生产总值占全国比重达到历史低点 51.16%，随着国内各区域要素成本及政策优惠逐渐拉平，我国大规模产业转移的动力减弱，东部向中西部的产业转移趋缓，自 2015 年至 2017 年东部地区生产总值占全国比重出现了逐步回升的态势。2018 年和 2019 年又继续呈转出态势，其中 2019 年东部地区的地区生产总值为 51.12 万亿元，占全国比重为 51.88%，同比下降 0.24 个百分点（见图 2-1）。

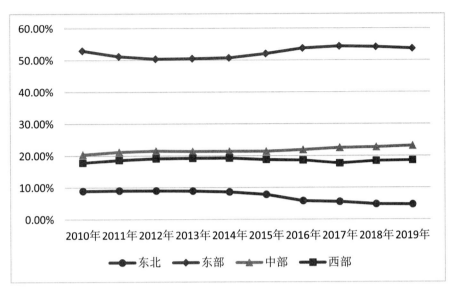

图 2-1 2010—2019 年四大板块地区生产总值占全国的比重

**中部地区成为承接产业转移的领头雁。**从工业增加值来看，2019 年，中部地区工业增加值占全国增加值的比重为 23.12%，比上一年增加了 0.41 个百分点，达到近年来新高。西部地区工业增加值占全国增加值的比重较 2018 年继续上升，为 18.55%，但比 2014 年的高点 19.28%，还是降低了 0.73 个百分点。东部地区工业增加值占全国增加值的比重继续缓慢下降，2019 年为 53.64%，比上一年降低了 0.52 个百分点。东北地区与上一年的比重基本持平，但仍为下降的趋势，达到了近年来的最低点 4.68%（见表 2-1）。

表 2-1 我国四大板块的地区工业增加值占全国增加值的比重（%）

| 地　　区 | 2015 年 | 2016 年 | 2017 年 | 2018 年 | 2019 年 |
|---|---|---|---|---|---|
| 东北地区 | 7.79 | 5.80 | 5.53 | 4.76 | 4.68 |
| 东部地区 | 52.04 | 53.76 | 54.36 | 54.16 | 53.64 |
| 中部地区 | 21.39 | 21.87 | 22.50 | 22.71 | 23.12 |
| 西部地区 | 18.78 | 18.58 | 17.61 | 18.37 | 18.55 |

注：表格中对因局部数据四舍五入导致的汇总数据不为 100% 的情况未进行调整。

**东部地区外向型经济特征明显，但趋势减弱，西部地区进出口额比重持续提升。**从货物出口额来看，东部地区仍然是出口的大户，但受到中美贸易摩擦等因素的影响，2019 年东部地区货物出口额为 2 万亿美元，同比下降 0.9%，占全国货物出口额的比重为 79.93%，比 2018 年下降 1.13 个百分点，近 20 年来首次下降到 80% 以下。与此同时，中部地区货物出口额为 2230 亿美元，同比增长 11%，占全国货物出口额的比重持续提升，2019 年为 8.92%，同比增加 0.84 个百分点。西部地区货物出口额比重与中部地区基本持平，为 8.94%，比上一年增加 0.41 个百分点。东北地区货物出口额近年来一直持续下降，仅为 2.21%（见表 2-2）。

表 2-2 我国四大板块的货物出口额占全国货物出口额的比重（%）

| 地 区 | 2015 年 | 2016 年 | 2017 年 | 2018 年 | 2019 年 |
|---|---|---|---|---|---|
| 东北地区 | 2.79 | 2.49 | 2.41 | 2.34 | 2.21 |
| 东部地区 | 81.51 | 82.89 | 82.01 | 81.06 | 79.93 |
| 中部地区 | 7.27 | 7.38 | 7.69 | 8.08 | 8.92 |
| 西部地区 | 8.43 | 7.24 | 7.90 | 8.53 | 8.94 |

注：表格中对因局部数据四舍五入导致的汇总数据不为 100% 的情况未进行调整。

从货物进口额来看，近年来只有西部地区占全国的比重持续提升，2019 年西部地区货物进口额为 701 亿美元，同比增加 5.69%，占全国货物进口额的比重为 8.18%，比 2018 年上升 1.05 个百分点。东部地区占全国货物进口额的比重最大，为 82.77%，比 2018 年下降 0.54 个百分点。中部地区和东北地区货物进口额占全国的比重都较小，分别为 5.29% 和 3.75%（见表 2-3）。

表 2-3 我国四大板块的货物进口额占全国货物进口额的比重（%）

| 地 区 | 2015 年 | 2016 年 | 2017 年 | 2018 年 | 2019 年 |
|---|---|---|---|---|---|
| 东北地区 | 3.76 | 3.81 | 3.93 | 4.19 | 3.75 |
| 东部地区 | 86.06 | 85.16 | 83.77 | 83.31 | 82.77 |
| 中部地区 | 5.37 | 5.51 | 5.84 | 5.38 | 5.29 |
| 西部地区 | 4.82 | 5.52 | 6.47 | 7.13 | 8.18 |

注：表格中对因局部数据四舍五入导致的汇总数据不为 100% 的情况未进行调整。

**中西部地区产业转型升级力度加大。** 从研发经费支出来看，2019 年，中部、西部规模以上工业企业研发经费分别为 2823.21 亿元和 1554.38 亿元，同比增长 14.41%和 13.38%，其中，江西省、贵州省、云南省分别增长 19.59%、19.41%和 21.26%。中西部地区研发经费支出占全国的比重也呈现上升态势，尤其是中部地区表现亮眼，2019 年占全国比重比 2018 年提升 1.16 个百分点（见表 2-4）。东部地区工业企业研发经费增速自 2015 年开始下降到 10%以下，2019 年仅为 5.12%，其中山东省和天津市下降幅度较大，同比 2018 年下降约 15%，浙江省、福建省、河北省仍保持了 10%以上的增速。

表 2-4 我国四大板块的规模以上工业企业研发经费占全国研发经费的比重（%）

| 地 区 | 2015 年 | 2016 年 | 2017 年 | 2018 年 | 2019 年 |
|---|---|---|---|---|---|
| 东北地区 | 4.15 | 3.85 | 3.60 | 3.23 | 3.22 |
| 东部地区 | 68.78 | 68.38 | 67.85 | 67.14 | 65.44 |
| 中部地区 | 16.97 | 17.33 | 18.09 | 19.05 | 20.21 |
| 西部地区 | 10.10 | 10.43 | 10.47 | 10.58 | 11.13 |

注：表格中对因局部数据四舍五入导致的汇总数据不为 100%的情况未进行调整。

## 三、外商直接投资结构持续优化，高技术服务业利用外资比重不断提升

近年来，国内利用外资流量保持平缓增长态势，我国仍然是世界最具吸引力的外商直接投资目的地之一。工业尤其是制造业一直是外商直接投资的重点领域，近年来越来越多的外资投向与工业投资紧密相关的高技术服务业。同时，受疫情影响，2020 年，投资超过 2.5 亿美元的特大型投资项目数量达到近年来的最低值。

**利用外资流量保持逆势平缓增长态势，利用外资项目量在 2018 年达到高点后回落态势较为明显**（见图 2-2）。2016 年以来，在全球 FDI 流量大幅降低的背景下，我国实际利用外资额实现了连续增长。即使是在中美贸易摩擦的背景下，我国实际利用外资额仍然在 2018 年和 2019 年分别创下 1349.7 亿美元、1381.4 亿美元新高，分别增长 3.0%、2.4%。2010 年以来，我国平均每年合同

利用外资项目个数达 31814 个，2017—2019 年保持在较高水平。2018 年，全国合同利用外资项目 60533 个，同比激增 69.8%，成为近 10 年以来合同利用外资项目数量最多的年份；2019 年虽有明显下降，但仍大大高于 10 年的平均值。据华南美国商会发布的数据，2020 年，大中小型再投资项目（100 万美元至 2.5 亿美元）增加，在华再投资预算保持稳定，而超过 2.5 亿美元的特大型再投资项目却达到了近年来的最低值（所有外资企业同比减少 4/5，美资企业减少近 3/4）。

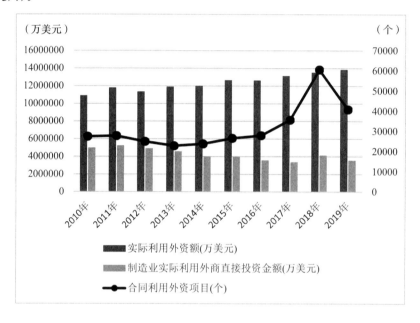

图 2-2　2010—2019 年我国实际利用外资情况

**制造业利用外资比重持续下降，高技术产业比重不断提升，利用外资服务化趋势明显。**近 10 年以来，制造业利用外资额在全行业利用外资规模缓慢增长的背景下出现波动式下降，直至 2017 年以 335.06 亿美元触底，比 2011 年的高点 521.01 亿美元下降 35.69%。制造业利用外资额占全国的比重在 2010 年为 46.9%，几乎占到半壁江山；到 2019 年下滑到 25.61%，减少 21.29 个百分点。其中，高技术产业利用外资比重不断提升。医药制造、电子及通信设备制造业等高技术产业利用外资比重不断提升，由 2016 年的 25.4%增至 2019 年的 42.6%。同时，服务业比重不断提升。从总量上看，服务业利用外资占全部外资的比重从 2005 年的不足 1/3，增长到 2010 年的接近 1/2，之后一路攀升，截至 2019 年年底，实际利用外商直接投资中，有 69% 的资金投向了服务业。服务业比重上升的主要原因在于与工业投资紧密相关的高技术服务业利用外资增长迅速。2019 年，科学研究和技术服务业增长了 68.4%，合同外资投资额超过 1 亿美元以上的大项目达 123 个，同比增长了 78.3%（见表 2-5）。

表 2-5　2010—2019 年我国实际利用外资的产业分布（%）

| 年　　份 | 制造业 | 房地产业 | 租赁和商务服务业 | 信息传输、计算机服务和软件业 | 科学研究、技术服务和地质勘查业 | 批发和零售业 | 金融业 | 交通运输、仓储和邮政业 | 电力、燃气及水的生产和供应业 | 采矿业 |
|---|---|---|---|---|---|---|---|---|---|---|
| 2010 年 | 46.90 | 22.68 | 6.74 | 2.35 | 1.86 | 6.24 | 1.06 | 2.12 | 2.01 | 0.65 |
| 2011 年 | 44.91 | 23.17 | 7.23 | 2.33 | 2.12 | 7.26 | 1.65 | 2.75 | 1.83 | 0.53 |
| 2012 年 | 43.74 | 21.59 | 7.35 | 3.01 | 2.77 | 8.47 | 1.90 | 3.11 | 1.47 | 0.69 |
| 2013 年 | 38.74 | 24.49 | 8.81 | 2.45 | 2.34 | 9.79 | 1.98 | 3.59 | 2.07 | 0.31 |
| 2014 年 | 33.40 | 28.96 | 10.44 | 2.30 | 2.72 | 7.92 | 3.50 | 3.73 | 1.84 | 0.47 |
| 2015 年 | 31.32 | 22.96 | 7.96 | 3.04 | 3.59 | 9.52 | 11.85 | 3.32 | 1.78 | 0.19 |
| 2016 年 | 28.17 | 15.60 | 12.80 | 6.70 | 5.17 | 12.60 | 8.17 | 4.04 | 1.70 | 0.08 |
| 2017 年 | 25.57 | 12.86 | 12.77 | 15.96 | 5.22 | 8.76 | 6.05 | 4.26 | 2.69 | 0.99 |
| 2018 年 | 30.51 | 16.65 | 13.98 | 8.64 | 5.05 | 7.24 | 6.45 | 3.50 | 3.28 | 0.91 |
| 2019 年 | 25.61 | 16.99 | 15.98 | 10.63 | 8.09 | 6.55 | 5.16 | 3.28 | 2.55 | 1.59 |

注：表中未列出全部行业，故同一年份表中行业所占比重汇总小于 100%。

**利用外资总体上呈现出向中西部转移的趋势，但转移增长幅度不大。**东部省份吸收外商直接投资一直保持在 75% 左右。从 2010 年开始，中西部地区利用外资占全国的比重一度保持在 15% 以上的增速，在 2017—2019 年出现较明显上升，到 2019 年，中部地区利用外资占全国的比重为 9.32%，西部地区为 9.89%。事实上，近年来制造业领域的外资企业从东部沿海撤出转向一些东南亚国家，而并未流向中西部地区，除了成本降低有限，产业配套能力和营商环境不佳也是阻碍外资企业在中国范围内进行产业转移的主要因素（见表 2-6）。

表 2-6　2010—2019 年我国实际利用外资的区域分布（%）

| 年　　份 | 东北地区 | 东部地区 | 中部地区 | 西部地区 |
|---|---|---|---|---|
| 2010 年 | 7.30 | 76.93 | 8.10 | 7.67 |
| 2011 年 | 7.30 | 76.46 | 8.44 | 7.80 |
| 2012 年 | 7.38 | 75.89 | 8.56 | 8.17 |
| 2013 年 | 6.99 | 76.32 | 8.47 | 8.22 |
| 2014 年 | 6.74 | 75.87 | 8.87 | 8.52 |
| 2015 年 | 5.82 | 76.29 | 9.48 | 8.41 |
| 2016 年 | 5.41 | 78.15 | 8.33 | 8.11 |
| 2017 年 | 5.63 | 77.95 | 8.70 | 7.72 |
| 2018 年 | 6.04 | 76.85 | 8.93 | 8.18 |
| 2019 年 | 5.81 | 74.99 | 9.32 | 9.89 |

注：表格中对因局部数据四舍五入导致的汇总数据不为 100%的情况未进行调整。

## 四、承接产业转移优势不断提升，"人口红利"向"人才红利"转变

从产业转移的基本逻辑看，资本是逐利的，本质上产业转移就是不断追逐劳动力、土地、资本、技术和资源等生产要素价格"洼地"的过程。因此，产业转移主要是受到劳动力、市场、土地、资源条件等要素影响。近期，影响产业转移的要素变化情况如下。

**劳动力数量减少，成本上升，"人口红利"向"人才红利"转变。**一是劳动力数量逐渐减少。在长期低生育率背景下，我国 15～64 岁劳动年龄人口比例及规模分别在 2010 年、2013 年见顶，人口数量红利逐渐消失。2019 年，我国 15～64 岁劳动年龄人口为 9.89 亿，比 2013 年的 10.06 亿减少了 1700 万。二是劳动力成本持续较快增长。2010—2019 年，全国城镇单位在岗职工平均工资从 36539 元增加到 90501 元，年均复合增长率为 10.60%（见图 2-3）。其中，制造业劳动力成本增速高于全国平均水平，从 2010 年的 30916 元提高到 2019

年的 78147 元，年均复合增长率为 10.85%。同期，第三产业人均工资年均复合增长率为 10.02%，低于全国平均水平。三是人口红利向人才红利转变。目前我国大学专科及以上学历人口已接近 2 亿，为世界各国之首。2001—2019 年中国高校年度毕业生人数从 110 万增至 822 万，增长了约 647%，高质量人才成为我国各行各业的中流砥柱。

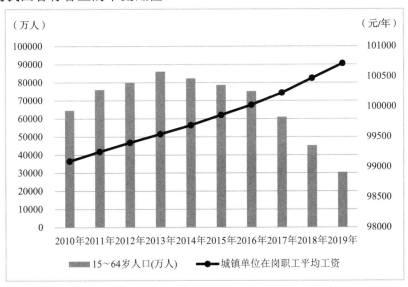

图 2-3　2010—2019 年我国劳动力数量和成本情况

　　**我国新增能源查明储量和主要矿产保有资源量普遍增长，矿产资源勘查开发重心向西部转移、向海域拓展。**资源禀赋是影响一个国家或地区产业转移和承接产业转移的重要因素之一。自 2011 年实施"找矿突破"战略行动以来，我国石油、天然气新增查明储量分别为 101 亿吨、6.85 万亿立方米，约占新中国成立以来查明总量的 25% 和 45%。在开采消耗持续加大情况下，我国主要矿产保有资源量近年来普遍增长。值得注意的是，矿产资源勘查开发重心向西部和海域转移。西部石油新增查明地质储量占全国总量的 62%，天然气占 85%，其中鄂尔多斯累计查明地质储量石油近 70 亿吨和天然气超 5 万亿立方米。海域发现 1 个亿吨级油田、4 个千亿立方米级气田，2020 年海域油气产量约占全国产量的四分之一。全国新形成的 32 处非油气矿产资源基地中，25 处分布在西部，占全国总数的 78%。西部铜矿、铅锌矿新增资源量分别占全国的 70% 和 83%，西部地区"找矿突破"战略行动为西部地区乃至全国承接产业转移提供了资源基础和产业支撑（见表 2-7）。

表 2-7  2015—2019 年我国资源储量情况

| 指　标 | 2015 年 | 2016 年 | 2017 年 | 2018 年 | 2019 年 |
|---|---|---|---|---|---|
| 煤炭查明资源储量（亿吨） | 15663.1 | 15980 | 16666.7 | 17085.7 | 17182.6 |
| 石油查明资源储量（亿吨） | 35 | 35 | 35.4 | 35.7 | 35.5 |
| 天然气查明资源储量（亿立方米） | 51939.5 | 54365.5 | 55221 | 57936 | 59665.8 |
| 煤层气查明资源储量（亿立方米） | 3062.5 | 3344 | 3025.4 | 3046.3 | 3040.7 |
| 页岩气查明资源储量（亿立方米） | 1301.8 | 1224.1 | 1982.9 | 2160.2 | 3841.8 |
| 铁矿矿石查明资源储量（亿吨） | 850.8 | 840.6 | 848.9 | 852.2 | 853 |
| 铜矿金属查明资源储量（万吨） | 9910.2 | 10110.6 | 10607.8 | 11443.5 | 11253.6 |
| 铅矿金属查明资源储量（万吨） | 7766.9 | 8546.8 | 8967 | 9216.3 | 9832.9 |
| 锌矿金属查明资源储量（万吨） | 14985.2 | 17753 | 18493.8 | 18755.7 | 20025 |
| 铝土矿矿石查明资源储量（亿吨） | 47.1 | 48.5 | 50.9 | 51.7 | 54.7 |
| 钼矿金属查明资源储量（万吨） | 2917.6 | 2882.4 | 3006.8 | 3028.6 | 3192.4 |
| 锑矿金属查明资源储量（万吨） | 292.6 | 307.2 | 319.8 | 327.7 | 343.5 |
| 金矿金属查明资源储量（吨） | 11563.5 | 12167 | 13195.6 | 13638.4 | 14131.1 |
| 银矿金属查明资源储量（万吨） | 25.4 | 27.5 | 31.6 | 32.9 | 34.7 |
| 水资源总量（亿立方米） | 27962.6 | 32466.4 | 28761.2 | 27462.5 | 29041 |

我国拥有超大规模市场优势，东部地区消费支出总量占半壁江山。近年来，我国消费规模不断扩大，消费结构持续升级。2019 年中国社会消费品零售总额首次突破 40 万亿元，相比 2015 年增长 42% 以上，已经成为全球第二大消费市场。此外，我国还拥有世界最多的中等收入群体、最大的制造业增加值、最多的网民数量和最多的世界 500 强企业。但我国在拥有超大规模市场的同时也存在区域间落差大的问题。2019 年我国东部地区居民人均消费支出是西部地区的 1.69 倍（见图 2-4）。其中，上海市的人均消费支出最高，达 45606 元，是西藏自治区的 3.5 倍。如果从总量来看，东西部之间的差异更为明显，2019 年，东部地区居民消费支出总量为 14.51 万亿元，占全国比重为 47.94%，西部地区为 6.73 万亿元，东部为西部的 2.16 倍。

营商环境逐步改善，制度性交易成本逐步降低。营商环境是一个国家或地区经济软实力的重要体现和提高国际竞争力的重要内容。近年来，以市场化、法治化、国际化为方向，我国不断优化营商环境，"放管服改革"深入推进，国内国际制度不断融合和接轨，制度性交易成本逐步降低。2020 年,《优化营商环境条例》和《中华人民共和国外商投资法》同步实施,市场准入负面清单再减 8 项,外商投资准入负面清单由 40 条减到 33 条,鼓励外商投资产业目录新增 127 条。据世界银行发布的《2020 年营商环境报告》显示,中国名列第 31 名,比上年上升 15 位,取得这一营商环境报告发布以来的最好名次。

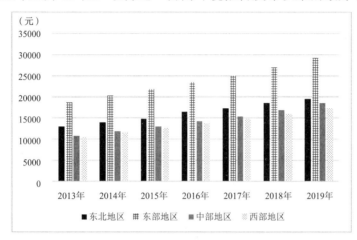

图 2-4　2013—2019 年我国四大板块居民人均消费支出情况

## 五、原材料行业向西部地区转移，装备制造和部分轻工行业仍向东部集聚

在我国制造业行业分类结构中,原材料类行业所占比重偏高、机械装备类行业所占比重偏低。2019 年,钢铁、有色、石油、化工在制造业的比重达 25.35%。从区域来看,东部地区一直是各行业集聚的地区,制造业的比重超过 40%(烟、酒和饮料业除外),化学纤维制造业占全国比重高达 87.46%,纺织业、电子信息、仪器仪表等行业占全国比重也均超过 70%。近几年来,受资源禀赋条件、市场情况、政策导向等各方面因素影响,各行业呈现出不同的转移趋势。

**钢铁、有色、石油、化工等原材料行业呈现向西部地区转移趋势。** 钢铁行业的产业转移目前主要是通过产能置换进行,西部地区的广西壮族自治区、重庆市、内蒙古自治区、甘肃省,为主要受让产能省份。从营业收入占全国比重变化来看,2019 年东部地区钢铁行业占全国比重比 2016 年下降 3.37 个百分点,同期西部地区比重提升了 1.59 个百分点。有色行业产业向西部转移明显，东部地区大部分省市已经将有色金属冶炼列入逐步退出行业，而西部地区凭借资源优势和环境承载力固定资产投资呈上升趋势；2019 年，东部地区的北京市、天津市、上海市、浙江省、福建省有色金属行业固定资产投资同比分别下降 32%、9.4%、10%、57% 和 53%；而西部地区的重庆市、四川省、贵州省、西藏自治区、青海省同比分别增长 57%、12%、99%、93% 和 59%。石油和化工产业布局不断优化，呈现向西部转移态势。长三角、珠三角、渤海湾等东部地区三大石化产业集群规模优势依然明显，西部地区的内蒙古鄂尔多斯、陕西榆林、宁夏宁东、新疆准东等地的现代煤化工基地建设稳步推进。2019 年东部地区石油、煤炭及其他燃料加工业营业收入占全国比重比 2016 年下降 5.46 个百分点，同期西部地区比重提升了 1.21 个百分点。化学原料和化学制品制造业的西部地区比重提升了 2.66 个百分点。

**电子信息产业向中西部转移面临瓶颈。**电子信息产业具有全球化布局、技术更新快的特征，使其成为产业转移最活跃的领域。随着人口红利逐渐消失、优惠政策刺激效果难以长久存在，东部地区以电子信息制造业为主的支柱性产业竞争力下降。从营业收入占全国比重变化来看，2019 年东部地区计算机、通信和其他电子设备制造业占全国的比重比 2016 年下降 2.18 个百分点，同期中部和西部地区比重分别提升了 0.35 和 1.71 个百分点，呈现向中西部转移趋势。但近年来，受到中美贸易摩擦和发展中国家打造政策洼地、吸引制造业集聚的影响，电子信息产业外迁趋势明显。我国电子信息产业对出口依赖度较高，三分之二销往欧美市场，2018 年以来，部分电子企业在越南加快建厂投资，大部分是随终端国际客户而转移的上游电子配件企业。

**装备制造和部分轻工行业仍在向东部集聚。**我国装备制造业的优势地区主要集中在长三角、珠三角、中部地区的山东省、河南省和东北地区的辽宁省、吉林省。从营业收入比重的变化来看，装备制造呈现向东部继续集聚的趋势，2019 年东部地区通用设备制造业、专用设备制造业和汽车制造业占全国比重比2016 年分别增长了 2.11、2.02 和 1.12 个百分点，达到 68.60%、60.62% 和 54.37%。我国家具制造业、皮革、毛皮、羽毛及其制品和制鞋业主要分布在东部地区，2019 年营业收入占全国比重分别达 68.68% 和 72.65%，比 2016 年增长 5.06 和 1.57 个百分点（见表 2-8）。近年来，这两大出口量大的劳动密集型行业开始向越南等中南亚国家转移。如全球知名的制鞋企业裕元集团 2019 年在我国生产的比重为 13%，2020 年上半年，这一比例下滑到 11%。

表 2-8　2016 和 2019 年我国四大板块的制造业细分行业比重变化（%）

| 制造业细分行业 | 东北地区 | | | 东部地区 | | | 中部地区 | | | 西部地区 | | |
|---|---|---|---|---|---|---|---|---|---|---|---|---|
| | 2016 | 2019 | 比重变化 | 2016 | 2019 | 比重变化 | 2016 | 2019 | 比重变化 | 2016 | 2019 | 比重变化 |
| 农副食品加工业 | 10.82 | 9.11 | -1.71 | 42.53 | 41.85 | -0.68 | 29.91 | 30.79 | 0.89 | 16.74 | 18.25 | 1.50 |
| 食品制造业 | 5.54 | 4.63 | -0.92 | 47.68 | 47.34 | -0.33 | 30.10 | 26.35 | -3.76 | 16.67 | 21.68 | 5.01 |
| 酒、饮料和精制茶制造业 | 5.73 | 3.73 | -2.01 | 32.39 | 31.30 | -1.09 | 28.57 | 22.67 | -5.90 | 33.30 | 42.30 | 9.00 |
| 烟草制品业 | 3.33 | 3.18 | -0.15 | 37.20 | 38.89 | 1.69 | 26.85 | 26.35 | -0.50 | 32.62 | 31.58 | -1.04 |
| 纺织业 | 0.97 | 0.44 | -0.52 | 72.35 | 70.42 | -1.92 | 19.95 | 22.13 | 2.18 | 6.74 | 7.00 | 0.26 |
| 纺织服装、服饰业 | 1.33 | 1.16 | -0.16 | 72.49 | 71.88 | -0.61 | 22.54 | 22.97 | 0.43 | 3.64 | 3.99 | 0.34 |
| 皮革、毛皮、羽毛及其制品和制鞋业 | 1.06 | 0.79 | -0.28 | 71.09 | 72.65 | 1.57 | 22.72 | 22.24 | -0.47 | 5.14 | 4.32 | -0.82 |
| 木材加工和木、竹、藤、棕、草制品业 | 9.79 | 2.04 | -7.74 | 52.72 | 50.44 | -2.28 | 22.56 | 27.42 | 4.86 | 14.93 | 20.10 | 5.17 |
| 家具制造业 | 3.41 | 1.33 | -2.09 | 63.62 | 68.68 | 5.06 | 22.92 | 20.51 | -2.41 | 10.05 | 9.48 | -0.57 |
| 造纸和纸制品业 | 2.14 | 1.63 | -0.51 | 65.28 | 68.91 | 3.63 | 21.21 | 17.46 | -3.75 | 11.36 | 11.99 | 0.63 |
| 印刷和记录媒介复制业 | 1.72 | 0.84 | -0.89 | 59.35 | 56.14 | -3.22 | 26.62 | 28.55 | 1.93 | 12.30 | 14.48 | 2.18 |
| 文教、工美、体育和娱乐用品制造业 | 0.87 | 0.24 | -0.63 | 78.10 | 77.05 | -1.05 | 16.68 | 18.46 | 1.79 | 4.35 | 4.24 | -0.11 |
| 油、煤炭及其他燃料加工业 | 11.95 | 17.14 | 5.19 | 57.64 | 52.17 | -5.46 | 12.89 | 11.95 | -0.94 | 17.52 | 18.74 | 1.21 |
| 化学原料和化学制品制造业 | 3.98 | 4.94 | 0.97 | 63.89 | 58.94 | -4.96 | 19.42 | 20.76 | 1.33 | 12.70 | 15.36 | 2.66 |

（续表）

| 制造业细分行业 | 东北地区 | | | 东部地区 | | | 中部地区 | | | 西部地区 | | |
|---|---|---|---|---|---|---|---|---|---|---|---|---|
| | 2016 | 2019 | 比重变化 | 2016 | 2019 | 比重变化 | 2016 | 2019 | 比重变化 | 2016 | 2019 | 比重变化 |
| 医药制造业 | 9.46 | 5.93 | -3.53 | 51.37 | 54.71 | 3.34 | 24.09 | 22.94 | -1.15 | 15.08 | 16.42 | 1.34 |
| 化学纤维制造业 | 1.33 | 1.14 | -0.20 | 88.76 | 87.46 | -1.30 | 5.06 | 5.95 | 0.89 | 4.85 | 5.45 | 0.60 |
| 橡胶和塑料制品业 | 3.05 | 2.51 | -0.54 | 67.15 | 70.22 | 3.06 | 20.04 | 17.89 | -2.15 | 9.75 | 9.38 | -0.37 |
| 非金属矿物制品业 | 4.62 | 2.87 | -1.75 | 42.60 | 44.72 | 2.12 | 34.96 | 30.57 | -4.39 | 17.81 | 21.84 | 4.03 |
| 黑色金属冶炼和压延加工业 | 4.48 | 7.23 | 2.75 | 59.48 | 56.11 | -3.37 | 19.14 | 18.17 | -0.97 | 16.90 | 18.50 | 1.59 |
| 有色金属冶炼和压延加工业 | 1.52 | 2.68 | 1.16 | 41.51 | 40.09 | -1.42 | 33.78 | 33.06 | -0.72 | 23.19 | 24.17 | 0.98 |
| 金属制品业 | 2.73 | 3.00 | 0.28 | 69.68 | 66.22 | -3.46 | 18.85 | 20.18 | 1.33 | 8.75 | 10.60 | 1.86 |
| 通用设备制造业 | 4.15 | 3.35 | -0.79 | 66.49 | 68.60 | 2.11 | 20.30 | 19.39 | -0.92 | 9.06 | 8.66 | -0.40 |
| 专用设备制造业 | 4.07 | 3.27 | -0.81 | 58.60 | 60.62 | 2.02 | 27.45 | 26.08 | -1.37 | 9.88 | 10.03 | 0.16 |
| 汽车制造业 | 11.02 | 13.96 | 2.94 | 53.26 | 54.37 | 1.12 | 20.17 | 19.22 | -0.94 | 15.56 | 12.44 | -3.12 |
| 铁路、船舶、航空航天和其他运输设备制造业 | 6.97 | 10.17 | 3.21 | 59.29 | 52.65 | -6.65 | 16.54 | 16.10 | -0.44 | 17.19 | 21.08 | 3.89 |
| 电气机械和器材制造业 | 1.79 | 1.43 | -0.36 | 68.85 | 70.73 | 1.88 | 21.28 | 20.15 | -1.13 | 8.08 | 7.70 | -0.38 |
| 计算机、通信和其他电子设备制造业 | 0.60 | 0.72 | 0.12 | 74.47 | 72.29 | -2.18 | 13.82 | 14.17 | 0.35 | 11.10 | 12.81 | 1.71 |
| 仪器仪表制造业 | 2.15 | 1.97 | -0.18 | 77.88 | 73.68 | -4.19 | 13.66 | 14.69 | 1.03 | 6.31 | 9.66 | 3.35 |
| 废弃资源综合利用业 | 2.71 | 3.23 | 0.52 | 54.19 | 44.12 | -10.07 | 27.56 | 36.11 | 8.55 | 15.53 | 16.54 | 1.00 |
| 金属制品、机械和设备修理业 | 16.49 | 4.32 | -12.16 | 65.80 | 68.54 | 2.75 | 11.32 | 14.70 | 3.38 | 6.40 | 12.44 | 6.04 |

## 六、产业转移合作模式不断创新，区域中心城市和城市群成为重点承接载体

当前，我国各地区积极调整优化思路，不断深化区域间的合作，加强承接产业转移载体的建设，创新区域间产业转移的机制与合作模式，取得了良好的成效。

**区域间深化合作，转移机制和模式不断创新。**近年来，各地在产业转移实践中，不断加强区域合作，创新飞地经济、委托管理、反向飞地招商、技术转移等产业转移机制和模式，并探索建立产值、收益、用地等指标的利益分享机制。例如，广东省已经形成了几种比较成功的合作模式。一是转出地政府主导，接收地政府配合的模式，按照协议进行利益分成。实施这种模式的代表有深汕经济合作区和顺德（德）产业转移园。二是股份制模式，即各地按照投入（包括资金、技术、土地、原材料等）计入股份，然后按照股份公司进行运作，例如，中山火炬（阳山）产业转移园。三是第三方管理，即委托第三方进行管理，再按照协议进行利益分成，例如，深圳（吴川）产业转移园。四是基本由转入地进行管理，转出地协助，例如，中山（肇庆大旺）产业转移园区。

**区域中心城市和城市群成为承接产业转移的重点地区。**当前，我国的区域经济发展格局正在出现新动向。由珠江三角洲城市群、长江三角洲城市群、京津冀城市群与成渝城市群组成的菱形地区是我国目前的经济重心。在已经形成优势的地区，各地逐步探索发挥区域中心城市对周边区域的带动辐射作用，通过产业链优化升级和中心城市功能疏解带动城市群内部的产业转移和协同发展。

**产业转移承接平台持续优化。**近年来，各地积极打造产业转移承接平台，出台政策有效精准对接产业转移资源和项目。例如，安徽省出台《皖北承接产业转移集聚区建设实施方案》，通过有序推动皖北地区加快产业承接步伐，逐步形成分工合理、特色鲜明、优势互补的空间承载新格局，将集聚区打造成为长三角高质量承接产业转移的优选地。河北省牢牢抓住承接北京非首都功能疏解的"牛鼻子"，以对接京津、服务京津为主线，精心培育了曹妃甸协同发展示范区、芦台·汉沽协同发展示范区等 43 个产业转移承接重点平台，已承接京津转入基本单位 7200 多个。

# 专栏 2-2　城市群形成阶梯发展的雁阵模式

2020 年 5 月 18 日，中共中央、国务院出台的《关于新时代加快完善社会主义市场经济体制的意见》指出，构建区域协调发展新机制，完善京津冀协同发展、长江经济带发展、长江三角洲区域一体化发展、粤港澳大湾区建设、黄河流域生态保护和高质量发展等国家重大区域战略推进实施机制，形成主体功能明显、优势互补、高质量发展的区域经济布局。在未来新一轮区域经济一体化过程中，我国可能将涌现出五个最具代表性、也最富增长前景的区域，分别是粤港澳大湾区、长三角、京津冀、中三角（郑州、合肥、武汉）与西三角（成都、重庆、西安）。

粤港澳大湾区的最大优势在于，该区域在五大区域中市场化程度最高，金融和科创已经成为粤港澳大湾区产业发展的最大特色。长三角区域是中国国有企业和民营企业发展最均衡的区域，而且还是目前上述五个区域中区域发展程度一体化最强的。京津冀区域的特点在于它是我国资源分布的中心，同时还具有比较强的科技创新能力和人才优势，尤其是北京。从地理位置来看，中三角区域是五大区域的地理中心，未来必然成为物流大通道和国内生产链上的核心环节，郑州、合肥和武汉这三个城市也是高铁时代的最大受益者。相对于其他区域而言，西三角具有较强的科技和研发实力，较低的人力资源成本，可以比较好地承接东部产业的转移。

在未来中国经济的新一轮增长中，存在新一轮的国内雁阵模式。在这个模式中，粤港澳大湾区与长三角是领头雁，京津冀、中三角与西三角是第二梯队，而全国其他区域则是第三梯队。这三个梯队在经济发展水平、资源交集程度与市场化程度方面存在一定差异，因此为知识扩散、产业转移与差异化发展战略提供了腾挪空间。

**（本章由冯媛负责编写）**

# 第二篇

# 重点区域篇

# 第三章
# 京津冀地区产业转移的现状与趋势

2020 年是京津冀协同发展六周年及中期目标节点之年。六年来，在京津冀协同发展战略推动下，京津冀产业协同发展速度明显加快，取得了多方面成绩。在政策层面，京津冀三地统筹协调，强化产业协同总体设计，建立了较为完整的产业疏解政策体系和协调统筹机制。在载体建设方面，以园区共建为抓手，加快建设产业协同发展载体，初步形成了区域一个中心，五区、五带、五链，若干特色基地的"1555N"产业发展格局。通过有序推动非首都产业疏解转移，北京市打开高精尖产业发展的更大空间，三地产业定位和分工日趋明晰，产业结构加快优化。同时，北京市科创资源加快辐射津冀，三地协同创新步伐进一步加快。未来，随着《京津冀协同发展规划纲要》远期目标建设的展开，京津冀产业协同发展将进入"快车道"，产业转移将迎来新的发展阶段。

# 一、京津冀地区产业发展总体情况

《京津冀协同发展规划纲要》提出推进交通、生态环保、产业三个重点领域率先突破。其中，交通和生态环保是京津冀一体化的突破口，产业是京津冀协同发展的重要实体支撑。通过产业协同发展，缓解人口资源环境压力、疏解非首都功能、解决北京的"大城市病"，形成区域间产业合理布局，优化区域经济结构和空间结构，打造新的首都经济圈和环渤海经济圈。在《京津冀协同发展规划纲要》《"十三五"时期京津冀国民经济和社会发展规划》《京津冀产业转移指南》等一系列文件的指导下，面对疫情带来的严峻考验和复杂多变的国内外环境，京津冀三地统筹疫情防控和经济社会发展，地区经济总规模持续扩大，但经济总量在全国的比重呈下降趋势，三地产业结构优化升级，区域发展指数持续提升，三地间产业定位与产业分工日益明晰。

## （一）经济总量占全国的比重呈下降趋势

近年来，京津冀地区经济延续了平稳上升的良好发展态势，三省市地区生产总值不断上升。国家统计局数据显示，2019年，京津冀地区生产总值达到84580.08亿元，比2018年上升7.11%。其中，北京市、天津市和河北省的地区生产总值分别为35371.28亿元、14104.28亿元和35104.52亿元，同比增长分别为6.84%、5.55%和8.03%。值得注意的是，虽然总体上京津冀地区生产总值在平稳上升，但由于宏观经济形势的影响，以及传统工业比重较高，京津冀地区生产总值占全国的比重却在不断下降。2014年，京津冀地区生产总值占全国的比重达到9.71%，虽然2016年有所反弹，但2019年这一比重下降至8.58%。区域内部，北京市经济虹吸效应趋势明显，生产总值占京津冀比重从2014年的32.09%增加至2019年的41.82%；天津市由于传统工业占京津冀的比重较大，产业结构调整滞后，生产总值占京津冀的比重从2014年的23.66%下降至16.68%；河北省经济运行延续总体平稳态势，生产总值占京津冀的比重相对稳定，除2014年外，其余年份均保持在41%～43%之间（见表3-1）。

表 3-1　2014—2019 年京津冀地区生产总值相关情况

| 地　　区 | 全国（亿元） | 京津冀（亿元） | 京津冀占全国比重（%） | 北京市（亿元） | 北京市占京津冀比重（%） | 天津市（亿元） | 天津市占京津冀比重（%） | 河北省（亿元） | 河北省占京津冀比重（%） |
|---|---|---|---|---|---|---|---|---|---|
| 2014 | 684349.42 | 66478.91 | 9.71 | 21330.83 | 32.09 | 15726.93 | 23.66 | 29421.15 | 44.26 |
| 2015 | 722767.87 | 69358.89 | 9.60 | 23014.59 | 33.18 | 16538.19 | 23.84 | 29806.11 | 42.97 |
| 2016 | 780069.97 | 76524.97 | 9.81 | 25669.13 | 33.54 | 17885.39 | 23.37 | 32070.45 | 41.91 |
| 2017 | 847140.1 | 80580.45 | 9.51 | 28014.94 | 34.77 | 18549.19 | 23.02 | 34016.32 | 42.21 |
| 2018 | 914117.42 | 78963.5 | 8.64 | 33105.97 | 41.93 | 13362.92 | 16.92 | 32494.61 | 41.15 |
| 2019 | 985333.11 | 84580.08 | 8.58 | 35371.28 | 41.82 | 14104.28 | 16.68 | 35104.52 | 41.50 |

数据来源：国家统计局官方网站

## （二）产业结构逐步优化升级

近几年，京津冀产业结构逐步优化升级（见表 3-2）。根据国家统计局的数据显示，京津冀地区三次产业结构由 2014 年的 5.73:41.05:53.22 调整为 2019 年的 4.51:28.71:66.78，第一产业、第二产业的比重逐步下降，第三产业比重稳步上升，成为地区主导产业。2019 年京津冀第三产业增长率达 8.38%，高于第一产业、第二产业的 5.03% 和 4.59%。但值得注意的一点，虽然京津冀地区第三产业比重在平稳上升，但其增长率却在不断下降，由 2015 年的 10.04% 逐步下降至 2019 年的 8.38%。区域内部，三地第三产业增加值均在持续提高。2019 年，北京市第三产业增加值占地区生产总值的比重为 83.5%，其中，金融、信息服务、科技服务等现代服务业占第三产业的比重持续提高，2019 年为 76.7%。2019 年天津市第三次产业增加值为 8949.87 亿元，第三产业比重超过 60%，达到 63.5%，第三产业比重仅次于北京市和上海市。

同时，京津冀地区新兴产业也在快速发展。其中，北京市产业发展聚焦"高精尖"，规模以上工业中高技术制造业、战略性新兴产业增加值分别增长 9.3% 和 5.5%，对工业增长的贡献率分别为 74.7% 和 58.9%（二者有交叉）。天津市新兴产业加快发展，在规模以上工业中，智能制造工业增加值同比增长 8.2%；在规模以上服务业中，新服务、高技术服务业、战略性新兴服务业营业收入均实现两位数增长，分别同比增长 14.8%、19.3% 和 12.4%。河北省工业战略性新兴产业增加值同比增长 10.3%，快于规模以上工业 4.7 个百分点。其中，风能原动设备、城市轨道交通设备和显示器件制造的增幅均在 30% 以上。

表 3-2　2014—2019 年京津冀地区三次产业增加值及比重

| 年　份 | 2014 | 2015 | 2016 | 2017 | 2018 | 2019 |
|---|---|---|---|---|---|---|
| 第一产业增加值情况 | | | | | | |
| 北京市第一产业增加值（亿元） | 158.99 | 140.21 | 129.79 | 120.42 | 120.56 | 113.69 |
| 天津市第一产业增加值（亿元） | 199.9 | 208.82 | 220.22 | 168.96 | 175.3 | 185.23 |
| 河北省第一产业增加值（亿元） | 3447.46 | 3439.45 | 3492.81 | 3129.98 | 3338.59 | 3518.44 |
| 京津冀地区第一产业增加值合计（亿元） | 3806.35 | 3788.48 | 3842.82 | 3419.36 | 3634.45 | 3817.36 |
| 京津冀地区第一产业增加值增长率（%） | — | -0.47 | 1.43 | -11.02 | 6.29 | 5.03 |
| 第二产业增加值情况 | | | | | | |
| 北京市第二产业增加值（亿元） | 4544.8 | 4542.64 | 4944.44 | 5326.76 | 5477.35 | 5715.06 |
| 天津市第二产业增加值（亿元） | 7731.85 | 7704.22 | 7571.35 | 7593.59 | 4835.3 | 4969.18 |
| 河北省第二产业增加值（亿元） | 15012.85 | 14386.87 | 15256.93 | 15846.21 | 12904.06 | 13597.26 |
| 京津冀地区第二产业增加值合计（亿元） | 27289.5 | 26633.73 | 27772.72 | 28766.56 | 23216.71 | 24281.5 |
| 京津冀地区第二产业增加值增长率（%） | — | -2.40 | 4.28 | 3.58 | -19.29 | 4.59 |
| 第三产业增加值情况 | | | | | | |
| 北京市第三产业增加值（亿元） | 16627.04 | 18331.74 | 20594.9 | 22567.76 | 27508.06 | 29542.53 |
| 天津市第三产业增加值（亿元） | 7795.18 | 8625.15 | 10093.82 | 10786.64 | 8352.32 | 8949.87 |
| 河北省第三产业增加值（亿元） | 10960.84 | 11979.79 | 13320.71 | 15040.13 | 16251.96 | 17988.82 |
| 京津冀地区第三产业增加值合计（亿元） | 35383.06 | 38936.68 | 44009.43 | 48394.53 | 52112.34 | 56481.22 |
| 京津冀地区第三产业增加值增长率（%） | — | 10.04 | 13.03 | 9.96 | 7.68 | 8.38 |
| 三产比重情况 | | | | | | |
| 京津冀地区一产业比重（%） | 5.73 | 5.46 | 5.08 | 4.24 | 4.60 | 4.51 |
| 京津冀地区第二产业比重（%） | 41.05 | 38.40 | 36.72 | 35.70 | 29.40 | 28.71 |
| 京津冀地区第三产业比重（%） | 53.22 | 56.14 | 58.19 | 60.06 | 66.00 | 66.78 |

数据来源：国家统计局官方网站

## （三）区域发展指数持续提升

由国家统计局、北京市统计局和中国社会科学院京津冀协同发展智库联合开展的京津冀区域发展指数测算结果显示，京津冀区域发展总指数稳步提升，2019 年为 167.72，比上年提高 7.59 个点。2014 年以来，京津冀区域发展总指数出现较大幅度提高，2019 年比 2013 年年均提高 8.33 个点，反映出在协同发展战略带动下，京津冀区域迎来前所未有的历史机遇，政策带动、创新驱动、投资拉动等各方面力量为区域发展带来实实在在的"红利"。京津冀区域发展总指数的变化趋势如图 3-1 所示。

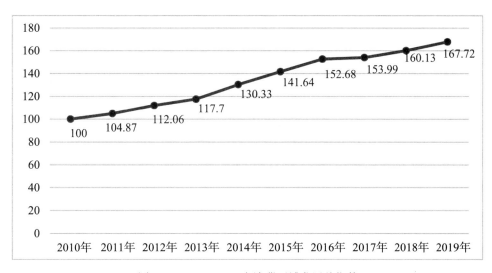

图 3-1　2010—2019 京津冀区域发展总指数

京津冀区域发展指数包括五个分指数，分别为创新发展指数、协调发展指数、绿色发展指数、开放发展指数和共享发展指数。京津冀区域创新发展指数持续平稳上升，2019 年为 162.99，比上年提高 4.72 个点。创新产出是推动京津冀区域创新发展的主要力量，反映出京津冀区域科技创新活力不断增强，从投入驱动创新数量扩张逐渐转向创新质量提升。京津冀区域协调发展指数略有上升，2019 年为 122.66，比上年提高 0.58 个点。其中，城乡协调发展稳步推进，精神文明与物质文明协调拉动作用明显。京津冀区域绿色发展指数 2019 年为 164.65，比上年提高 17.81 个点，在 5 个分指数中上升幅度最大，这反映京津冀三地生态环境协同共建与防治进一步强化，协作机制逐步完善，生态建设和环境治理取得成效。京津冀区域开放发展指数 2019 年继 2018 年下降后有所回升，为 128.51，比上年提高 3.34 个点。其中，对外投资和贸易开放等两个方面表现转好，起到了主要作用。京津冀区域共享发展指数保持较快上升态势，2019 年为 259.78，比上年提高 11.51 个点。其中，基本公共服务共享和脱贫攻坚是推动区域共享发展指数快速上升的关键。

## （四）三地产业分工日趋明朗

北京市围绕 "科技创新中心" 战略定位，以打造具有全球影响力的科技创新中心和战略性新兴产业策源地为目标，全力推动中关村科技园建设和区域内高精尖产业的发展。2019 年，全市技术市场保持高质量发展，技术交易结构优化明显，科技创新中心活力持续释放。全市技术合同成交额增长 14.9%，增速创近 5 年新高。其中，落地北京市技术合同成交额 2077.7 亿元，比上年增长 70.4%，主要集中在新能源与高效节能、电子信息和城市建设与社会发展领域，占落地成交额的 71.7%。高精尖技术领域落地北京市的成交额增长 64.5%，占落地技术的 58.8%，主要集中在电子信息、新能源与高效节能领域，占高精尖落地技术的 90.5%。

天津市围绕 "先进制造研发基地" 的战略定位，重点构建结构优化、布局合理、特色鲜明的先进制造产业体系，在航空、装备制造、汽车制造等多个行业都形成了京津冀地区相关产业的重要配套环节。天津国家新型工业示范基地达到 11 家，在重点城市中位居第 2 位。滨海新区无人机产业聚集区、中欧先进制造产业园、高新区软件园等一批新兴产业基地成为全国先进制造研发基地建设的重要支撑。2019 年，高技术制造业投资增长 36.5%，快于全市投资 22.6 个百分点。装备制造业带动作用增强，增加值占规模以上工业的比重为 33.5%，快于全市规模以上工业 3.3 个百分点。

河北省围绕 "产业转型升级试验区" 的战略定位，形成了 "一区 11 园" 布局，加速京津研发、河北转化，通过转移承接京津航空航天、电子信息、汽车、高端装备等产业，加快发展先进制造业，实现产业转型升级。2019 年，规模以上工业增加值同比增长 5.6%，为 6 年来最好水平，居全国第 17 位，制造业总量连续 14 年全国第六，钢产量连续 18 年全国第一，装备制造业不断壮大，

2016 年增加值首次超过钢铁，改变"一钢独大"局面。同时，高端制造产业快速发展，2019 年，高端技术装备制造增加值同比增长 8.3%，比全省装备制造业增速（5.0%）高 3.3 个百分点。

## 二、京津冀区域产业转移的现状和特点

产业协同是京津冀协同发展的关键。近年来，随着产业转移配套机制的不断优化、创新资源要素转移的日益增多，以及自贸试验区的加快建设，京津冀三地产业疏解转移对接协作步入快车道，产业协同成效逐步显现。同时，三地围绕自身定位，突出功能互补和错位发展，产业转移呈现不同特点。北京市低端疏解与高端聚集成效显著，阶段性完成集中退出疏解工作；天津市优化提升载体有效促进产业承接，初步形成了一批高水平的承接项目；河北省持续承接京津产业转移，并借产业转移之力提升创新能力、加快实现产业转型升级。

### （一）产业转移配套机制不断优化

为了更好地推动京津冀产业协同发展，各级政府不断探索更为合适的路径，推动产业转移的配套机制不断完善。一是建立完善协同推进机制。2019年 8 月，京津冀三地工业和信息化部门签署《进一步加强产业协同发展备忘录》，进一步完善三地产业协同推进机制，建立主要负责同志、主管领导和相关处室三个层面定期沟通对接的协商沟通机制，围绕产业规划、园区共建、重点项目推动、龙头企业培育、产业链构建等方面确定重点工作任务，定期通报合作进展情况，研究合作中遇到的具体问题并推动解决，及时做好各项合作具体措施的落实工作。二是设立京津冀协同发展产业投资基金。2021 年 2 月，由天津市牵头，会同北京市、河北省、国家开发银行共同发起设立该基金，总规模 500 亿元，首期规模 100 亿元，将重点储备推荐北京市向外疏解的教育、医疗、培训机构、企业总部等非首都功能转移，支持高端制造业、城乡基础设施、城市轨道交通、区域提质升级等相关领域项目。三是积极搭

建产业合作交流平台。京津冀相互支持、合力办会，组织策划了一系列协同发展重点议题和对接活动，打造产业合作对接交流平台。

---

**专栏 3-1　《2020 年度京津冀产业转移系列**
**对接活动工作方案》主要任务**

　　**一是完善协调机制。** 积极争取工业和信息化部工作支持。落实三地经（工）信部门《进一步加强产业协同发展备忘录》，在主要负责同志、主管领导和相关处室三个层面定期沟通对接的协商沟通机制下，持续深化厅（河北省）相关处室与京津经（工）信部门对应处室在产业协同发展方面的对接交流，及时了解并梳理北京市拟转出产业和企业落地条件。加强与各市工信部门沟通，掌握 43 家重点承接平台在内的国家级、省级开发区产业发展需求和对接重点，及时在"产业疏解与对接服务平台"和厅网站专栏发布，做好京冀园区和企业间前期供需信息匹配和合作意向撮合，精准谋划特色产业对接活动。

　　**二是搭建交流平台。** 配合省发展和改革委员会、省商务厅等有关部门，联合北京市共同搭建"产业疏解与对接服务平台"。及时对接北京市经信局，了解发布有疏解或投资意愿的产业企业信息，推介河北省重点承接平台招商动态。鼓励依托京冀实力强、影响大的社会组织、行业协会和中介机构，强强联手，加强合作，围绕京冀产业链、创新链、供应链，搭建区域重点产业合作平台，为北京非首都功能疏解承接提供专业化、系统化服务。

　　**三是组织有效对接。** 征集重点承接平台承接需求，加强与京津经（工）信部门会商谋划，与省协同办、省商务厅、省科技厅等省直相关部门沟通协调，积极引入社会行业组织和专业机构，集中优势资源，注重对接实效，围绕北京市产业转移重点方向和河北省拟承接重点产业，适时组织开展各类主题鲜明、特色突出的产业转移对接、主题招商和项目撮合活动。重点围绕雄安新区非首都功能集中承载地的功能定位，谋划组织高端装备制造、人工智能、新一代信息技术制造业、新材料等产业对接活动。控制对

---

接活动规模，做好疫情防控，鼓励创新对接形式业态。采取线上与线下结合，"面对面"与"屏对屏"结合，组织开展"云对接""云洽谈""云招商"。

**四是推进精准招商。**坚持市场主导、部门引导，协调各市调动各重点承接平台、开发区、高新区开展京津冀产业转移对接、项目承接和多领域合作的主动性、创新性。借助北京的科博会、京交会、京洽会、518廊洽会等投资洽谈活动，组织园区企业参会招商。支持重点承接平台、开发区、高新区等组织召开专题招商会，加大宣传推介，提升产业吸引力和品牌知名度。引导重点承接平台在宣传推介中突出产业特色和优势资源，避免同质化竞争。

**五是强化项目落地。**在重点帮扶现有的北京市·沧州渤海新区生物医药产业园、北京现代沧州工厂、金隅产业园等京冀共建项目基础上，积极谋划拓展增量，做好各场次产业转移系列对接活动达成协议意向、客户资源、转移需求的梳理统计和跟踪服务。带领承接平台人员主动登门拜访重点园区企业，洽谈对接合作，推动意向早日签约，协议早日落地。建立重点项目台账，明确专人盯办，加强政策衔接，帮助北京市转移企业解决企业转出、手续办理、项目建设过程中存在的实际困难，推动项目早日建成投产。引导银行、基金、保险等金融服务机构加强对优质项目的对接，提供专业金融支持服务，实现转移企业"转得出、留得住、建得好"。

## （二）创新资源要素转移日益增多

京津冀是我国创新资源最密集、创新活跃度最高的地区之一。在协同发展进程中，北京市通过非首都功能疏解，不断向津冀两地输送技术项目，相应带动创新资源要素向津冀转移，与津冀互补发展。一是京津冀三地间科研合作大大加强。根据北京大学首都发展研究院发布的《京津冀协同创新指数（2020）》，京津冀科研合作网络密度从 0.769 增加到 0.885，形成以京津为主轴、京保石（北京、保定、石家庄）为次轴的网络结构。河北省与京津高校、科研单位等累计共建省级以上创新平台 165 家，共建京津冀钢铁行业节能减排等产业技术创新联盟 95 家，实现京津冀高新技术企业整体搬迁资质互认、科技创新券互认互通和大型科研仪器开放共享，企业跨区域创新更加频繁。二是京津冀三地间技术合作日益紧密。北京市流向津冀的技术合同成交额大幅增长，流向津冀技术合同4908项，成交额282.8亿元，比上年增长24.4%，占北京市流向外省市技术合同成交额的9.9%。其中，流向河北省的技术合同3093项，成交额214.2亿元，增长10.5%；流向天津市技术合同1815项，成交额68.6亿元，增长104.2%。三是创新环境明显改善。京津冀高铁网络建设的顺利进展、大兴国际机场的投入使用，以及科技服务的稳步发展，均为京津冀产业协同创新提供了坚实保障。

---

**专栏3-2　《京津冀协同创新指数2020》主要内容**

2021年1月9日，北京大学首都发展研究院举办首都发展新年论坛，论坛上北京大学首都发展研究院院长、北京大学首都高端智库首席专家李国平教授对北京大学首都发展研究院研制的《京津冀协同创新指数（2020）》（以下简称《指数》）的主要内容进行了发布。

自2016年起，北京大学首都发展研究院开始对京津冀协同创新进行系统研究，形成了一系列的研究成果。从2019年7月开始至今，李国平教授带领课题组开展了《指数》的研制。《指数》是为贯彻落实《京津冀协同发展规划纲要》、打造京津冀协同创新共同体，通过构建京津冀协同创新的发展指数，定量测度和评价京津冀协同创新发展水平，全面梳理京津冀协同创新的现状与不足，并为推动京津冀协同创新共同体建设提供相关政策建议。

《指数》从京津冀整体、三省市和13个地级及以上城市三个空间层面分别构建了京津冀协同创新指数。指数包括创新能力、科研合作、技术联系、创新绩效和创新环境5个一级指标，11个二级指标、22个三级指标，重点测度分析了2013—2018年京津冀协同创新指数发展趋势。

测算结果表明，2013—2018年，京津冀协同创新指数从16.18增长到80.99，增长了4倍多，说明京津冀协同创新工作取得了显著成效。其中，京津冀创新能力指标从2013年的3.01增长到2018年的15.11，增长了4倍；京津冀创新环境指标从2013年的0.64增长到2018年的18.05，增长了约 28 倍。从三省市情况来看，北京市的协同创新指数从 59.96 增长到 86.24，在三地中增量最多，体现了北京市建设国际科技创新中心所取得的显著成效。天津市的协同创新指数从 33.07 增长到 36.96。河北省的协同创新指数从 7.81 增长到 19.88，取得了明显进步。

近年来，京津冀协同创新表现出以下亮点：第一，京津冀创新投入全国领先，北京市在基础研究经费投入与高端人才聚集方面成效显著。京津冀创新产出大幅增加，北京市的高水平论文、高质量专利、标志性技术成果不断涌现，原始创新水平不断提高。第二，京津冀三地间科研合作大大加强，科研合作网络密度从 0.769 增加到 0.885，形成以京津为主轴，京保石为次轴的网络结构。第三，京津冀三地间技术合作网络日益完善，从 2013 年至 2018 年，京津冀三地合作专利数量从 5819 件上升为 8673 件，增长了 49%；其中与廊坊、保定、沧州等周边地区的技术合作增长趋势尤为明显。此外，北京市与天津市、河北省的技术交易项数及成交额均快速增长。第四，三地跨区域产业活动更为活跃，北京市产业外溢效应明显。2018 年年末，京津冀法人单位在区域内跨省（市）的产业活动单位达到 1.6 万家，比 2013 年年末增长 180.2%；北京市法人单位在津冀地区的产业活动单位 1.2 万家，发挥了重要的辐射带动作用。第五，创新环境明显改善。京津冀高铁网络建设进展顺利，"轨道上的京津冀"正在形成。北京大兴国际机场正式投入使用，进一步加强京津冀在全球网络中的要素汇聚能力。科技服务业稳步发展，北京市成为全国科技服务高地和全国双创引擎，独角兽企业占全国比例近四成，国家级众创空间位居全国第一，为京津冀创新创业提供了大量服务支持。

该报告对京津冀协同创新的推进状况、问题和趋势进行了系统的评估和分析总结，对把握下一阶段京津冀协同创新的政策着力点有重要的参考价值。

## （三）自贸试验区建设助力产业协同合作

2019 年 8 月，河北自贸试验区设立，涵盖雄安、正定、曹妃甸、大兴机场四个片区，总面积 119.97 平方千米。2020 年 9 月，北京自贸试验区设立，涵盖科技创新、国际商务服务、高端产业三个片区，总面积 119.68 平方千米。加上 2015 年设立的天津自贸试验区（涵盖天津港、天津机场及滨海新区中心商务三个片区，总面积 119.9 平方千米），京津冀地区目前已实现了自贸试验区全覆盖，未来在产业协同方面的合作将会更进一步。例如，为打破资本、技术、产权、人才、劳动力等生产要素自由流动和优化配置的各种体制机制障碍，京津冀三地自贸试验区在体制机制方面进行了多项可复制可推广创新举措。河北自贸试验区着眼承接北京非首都功能疏解，省市场监管局出台支持河北自贸试验区建设的政策措施，简化搬迁至河北自贸试验区的北京、天津企业的原有资质、认证审核程序；允许符合条件的北京、天津企业将注册地变更到自贸试验区后，继续使用原企业名称。北京自贸试验区通过加强京津冀自由贸易试验区技术市场融通合作，逐步实现京津冀自由贸易试验区内政务服务"同事同标"，推动实现政务服务区域通办、标准互认和采信，检验检测结果互认和采信，探索建立京津冀自由贸易试验区联合授信机制，健全完善京津冀一体化征信体系。

**专栏 3-3　协同联动促京津冀产业高质量发展**

国务院印发的《中国（北京）自由贸易试验区总体方案》（简称《总体方案》）指出，以制度创新为核心，助力建设具有全球影响力的科技创新中心，加快打造服务业扩大开放先行区、数字经济试验区，着力构建京津冀协同发展的高水平对外开放平台。如何以北京自贸试验区设立为契机，实现京津冀三地自贸试验区协同联动、高水平开放，对推动京津冀产业高质量发展具有重要意义。

**以制度创新为抓手，打破协同发展障碍**

《中国（天津）自由贸易试验区总体方案》指出，努力成为京津冀协同发展高水平对外开放平台、全国改革开放先行区和制度创新试验田、面向世界的高水平自由贸易园区。《中国（河北）自由贸易试验区总体方案》指出，全面落实中央关于京津冀协同发展战略和高标准高质量建设雄安新区要求，积极承接北京非首都功能疏解和京津科技成果转化，着力建设国际商贸物流重要枢纽、新型工业化基地、全球创新高地和开放发展先行区。

京津冀在协同发展中最大的障碍是区域间缺乏协作联动，既然京津冀三地自贸试验区都以促进京津冀协同发展为发展目标，应当以京津冀自贸试验区的制度创新为契机，打破三地区域协同障碍。河北自贸试验区大兴机场片区是我国首个跨省市设立的自贸试验区，是落实京津冀协同发展的产物，也是区域协同发展的试验田。因此，在利用自贸试验区推动京冀协同发展时，要充分发挥好北京自贸试验区和河北自贸试验区大兴机场片区的载体和纽带作用，高起点、高标准构建好京津冀协同发展的高水平开放平台，将其建成河北省与北京市共商共建共享创新"试验田"。通过北京市与河北省对该片区的共商、共建、共管、共享机制，出台一系列有利于促进跨行政区域协同发展的创新制度，逐步实现"政策谋划一体化""推进机制一体化"和"立法保障一体化"。

**利用优势错位发展，打造制造业产业链**

《总体方案》指出，将自贸试验区打造为京津冀产业合作新平台，创新跨区域产业合作，探索建立总部—生产基地、园区共建、整体搬迁等多元化产业对接合作模式。鼓励北京市、天津市、河北自贸试验区抱团参与"一带一路"建设。针对以上要求，河北自贸试验区要补齐短板，与北京、天津自贸试验区协同发展。在疏解北京非首都功能上，要在自贸试验区内补齐科技和产业协作配套服务短板，以提升科技成果转化，增强产业疏解过程中的创新驱动效果。另外，各自贸试验区要充分发挥产业优势，共同打造制造业产业链。以北京自贸试验区的科技创新，促进带动京津冀自贸试验区在研发设计、生产销售和物流配送等环节的协同联动，完善创新创业的服务体系，实现产业链的协同，共同打造以钢铁为基础的材料、金属制品等高端材料世界级产业链，以汽车、轨道交通装备及零部件加工再制造为基础的机械装备产业链，以北京中关村数据电子等为代表的新一代信息技术产业链，以及生物制药、食品、健康等创新性产业链。

**加强协同联动，打造经济新增长极**

目前，我国自贸试验区已增加至 21 个。从当前形势看，自贸试验区应主要承担两项任务，一是积极突破体制机制障碍，在制度创新方面不断探索发展，为全国深化改革提供更丰富的可复制经验。二是在高水平开放方面形成新的突破，为经济增长注入新的活力，形成我国经济新的增长点。

因此，京津冀应充分发挥各自贸试验区协同联动，共同打造经济新增长极。一是充分利用北京服务贸易自贸试验区成立这一契机，积极实现传统企业数字化转型，打造一条进出口贸易数字通道。充分利用京津冀区位优势，夯实数字经济基础。二是充分发挥跨境电商综合试验区优势，打造京津冀经济增长极。数据显示，2018年中国跨境电商交易规模达9万亿元，同比增长11.6%，其中出口占跨境贸易的比重达78.9%。应积极在区内推进跨境电商物流体系建设，构建现代化物流网络，实现跨境电商批量运输，提高运输效率。三是加强津冀之间的港口协同，推动京津冀海关特殊监管区域多式联运协同发展，构建服务京津冀、辐射全国的陆海空口岸体系。在明确津冀港口功能定位的基础上，从顶层设计入手，使津冀港口既能优势互补还能错位发展，引导资源要素在符合市场配置的基础上在京津冀间合理流动。

**发挥服务贸易优势，探索新业态新模式**

自贸试验区建设沿袭过去保税区的经验，在改革的广度、深度和立体化程度等方面仍需努力。2019年我国服务贸易总体平稳，全年服务进出口总额54152.9亿元，同比增长2.8%。其中，出口总额19564.0亿元，同比增长8.9%；进口总额34588.9亿元，同比减少0.4%，服务贸易逆差下降至15024.9亿元。服务贸易是贸易高质量发展的重要标志，也是推动经济高质量发展的关键环节。《总体方案》指出，赋予自贸试验区更大改革自主权，深入开展差别化探索。对标国际先进规则，加大开放力度，开展规则、规制、管理、标准等制度型开放。应充分利用北京自贸试验区服务贸易发展创新试点，重点加强在服务业开放、服务贸易便利化、优化营商环境、促进新业态和新模式发展等方面的探索，将北京自贸试验区服务贸易建设作为重要抓手，促进京津冀产业高质量发展。

## （四）北京市低端疏解与高端聚集成效显著

非首都功能疏解是京津冀协同发展的关键环节和突破口。"十三五"期间，北京市制定实施了全国首个以治理"大城市病"为目标的新增产业禁限目录，严把产业准入关，从源头上严控非首都功能增量。禁限目录执行以来，在治理

"大城市病"、调整优化产业结构等方面发挥了积极作用。根据北京市推进京津冀协同办发布的数据，2014 年以来，北京市累计退出一般制造和污染企业 2800 余家，疏解提升区域性批发市场和物流中心 980 余个，不予办理新设立或变更登记业务累计达 2.34 万件，严格控制产业增量。同时，疏解转移为北京市构建高精尖经济结构打开了更大空间。北京市高技术制造业增加值占制造业的比重由"十二五"期末的 28.4% 提升到 2019 年的 35.9%，已实现 30% 以上的规划目标。高端产业持续发力，培育形成了新一代信息技术、科技服务业两个万亿级产业集群，以及智能装备、人工智能、医药健康、节能环保四个千亿级产业集群（指产值规模超 1000 亿元的产业集群），拥有集成电路芯片、新型显示器件、智能硬件、智能机器人、新一代诊疗设备等一批高精尖产品（服务）。

## （五）天津市优化提升载体有效促进产业承接

近年来，天津市以载体平台为抓手，着力构建以滨海新区战略合作功能区为综合承载平台，天津滨海—中关村科技园、宝坻京津中关村科技城等若干专业承载平台为框架的承接格局，吸引一批高质量项目落户天津市。例如，天津滨海—中关村科技园围绕智能科技、生命大健康、新能源新材料、科技服务业打造产业体系，2020 年，园区累计注册企业突破 2000 家，北京蓝星清洗总部、华为智慧城市创新中心、轻松筹等重点项目相继落户，形成了一批有核心技术的创新型科技企业集群。宝坻京津中关村科技城通过导入中关村服务、人才、技术、资本、项目等创新元素，在区域合作发展中打造中关村"产业飞地"，深化"研发孵化在北京，生产制造在宝坻"的产业互动模式。同时，京津中关村科技城重点打造"一中心、两平台"，通过综合服务中心，为园区企业提供从前期创办到后期运营的审批服务；通过人力资源服务平台，重点提供企业招聘、校企合作、人事代理、人才政策、技能培训等方面信息支持；通过科技金融超市，实现园区企业融资需求和投资机构偏好之间个性化、定制化的"精准分诊"和"智能匹配"。截至 2020 年年底，已与近 30 家资方机构签署战略合作协议，帮助符合条件的入园企业获得融资支持。目前，科技城已有 316 家市场主体落户，北京转移来津项目占到总引进项目比例的 67%。

## 专栏3-4 政策解读：京津中关村新政细则专项支持京企迁入

一、起草背景及过程

2020年2月28日，天津市发展和改革委员会印发《关于印发支持天津市重点平台服务京津冀协同发展政策措施（试行）的通知》（以下简称《措施》），明确在宝坻京津中关村科技城以试点方式实施，要求宝坻区人民政府落实主体责任，加强与市有关部门沟通衔接，制定实施细则，切实将措施落实落地。

《措施》印发后，宝坻区发展和改革委员会按照区领导批示精神，会同京津中关村科技城管委会及区直相关单位，主动对接市有关部门，深入研究《措施》精神，广泛征求各方面意见建议后，经多轮修改完善，于3月20日经区政府常务会议和区委常委会议审议通过。

二、主要内容

《措施》主要分为9个章节：

**第一章规定了适用于本政策的项目的认定标准和认定办法。** 明确了认定范围为"符合天津市产业发展定位的，在京津中关村科技城范围内生产经营的北京转移来津项目（以下简称北京转移来津项目）"。符合条件的公司、合伙企业、专业化产业园区、研究院所等机构，只要能够提供与北京公司之间的转移关系证明，并在京津中关村科技城内投资经营，均可以申请认定北京转移来津项目。

**第二章规定了适用于本政策的职工的认定范围。** 明确只要是北京转移来津项目的在职职工，能够提供在职证明材料的，便可享受子女入学、就医、落户、购房等多项优惠政策。

**第三章规定了对北京转移来津项目职工的非本市户籍子女的教育保障措施。** 明确职工凭在职证明、企业出具的《申请函》和身份证、户口簿，便可到区教育局办理申请子女入学手续。

**第四章规定了对北京转移来津项目职工的医疗保障措施。** 提出宝坻区人民医院、中医医院等16家定点医疗机构要率先实现异地就医门诊费用直接结算，方便在京冀两地缴纳医疗保险的职工就近就医。

第五章规定了北京转移来津项目职工来津落户的具体措施。对比现行的"海河英才"行动计划，《措施》为两类人员开放了落户条件，一是在北京转移来津项目就职满1年的全日制本科及以上学历的职工（不受年龄限制），二是30周岁及以下的中职学历职工（不受就职年限限制）。

第六章规定了对北京转移来津项目的投融资扶持政策。明确海河产业基金、京津冀产业结构调整引导基金等现有产业基金将为项目提供投融资扶持保障。

第七章规定了北京转移来津项目职工购买自用住房的具体措施。明确户籍尚未迁入我市的北京转移来津项目职工，在津无住房的，经审核后可购买1套自用住房，但需取得不动产权证满3年后方可转让。

第八章规定了北京转移来津项目在财政收入及统计指标分配上的具体措施。明确对北京市、区两级政府发挥主导作用的北京转移来津项目，迁入地和迁出地可以分享增值税和企业所得税的地方分成部分，形成的年度地区生产总值也进行分计。

第九章规定了《细则》施行的起始时间和最终解释权归属。

三、需要说明的问题

《措施》明确指出，相关政策措施仅在天津滨海—中关村科技园、宝坻京津中关村科技城以试点方式实施，因此京津中关村科技城以外的我区企业不享受《措施》相关优惠政策。

《措施》明确指出，相关政策措施仅为北京转移来津项目制定，因此除北京以外地区企业转移来津项目，即使在京津中关村科技城范围内生产经营，同样不享受《措施》相关优惠政策。

宝坻区委、区政府始终高度重视企业发展与诉求，区发展和改革委员会与宝坻经济开发区将持续关注和及时总结《措施》试点实施情况，并根据试点效果，适时向市发展和改革委员会提出意见建议，努力帮助更多企业享受到政策优惠，不断优化我区营商环境。

## （六）河北省持续承接京津产业转移加快转型升级

作为京津冀产业转移的重要承接地，河北省集中打造"1+5+4+33"重点承接平台体系，即以雄安新区集中承载地为核心，北京大兴国际机场临空经济区等 5 个协同协作平台为重点，4 个特色专业平台和 33 个个性化平台为支撑，通过举办京津冀产业转移对接会等重大对接活动，积极吸引京津产业转移。截至2020 年年底，全省累计承接京津转入法人单位 24771 个、产业活动单位 9045个，积极承接北京商贸物流疏解，累计签约批发市场商户 4 万余户。"十三五"期间一批重大产业项目建成投产，承接京津投资 5000 万元以上项目 1171 个，总投资 11348 亿元。同时，河北省借产业转移之力提升创新能力、加快产业转型升级。2014—2019 年，河北与京津共建科技产业园区 55 个，创新基地 65个，1400 多家京津高科技企业落户河北，有力地促进了河北产业结构不断优化。2018 年河北省三次产业结构实现由"二三一"到"三二一"的历史性转变。2019年河北省的地区生产总值中第三产业比重快速提升到 51%，较 2015 年提高了近 11 个百分点，与京津冀协同发展战略出台之前相比，产业结构调整速度明显加快。在此背景下，河北省创新主体数量猛增，2019 年河北省国家级高新技术企业新增 2000 家以上，总数是三年前历史总和的 3.5 倍，新增科技型中小企业 1.1 万家。

# 三、京津冀地区产业转移的趋势分析

## （一）区域产业链和创新链将加快融合发展

由于科技成果转化率偏低、区域内落地转化不足，以及三地间创新能力差距过大等因素，导致京津冀地区产业链和创新链融合不足。近年来，京津冀三地积极采取措施推动创新链和产业链精准对接、双向融合。2021 年 1 月，由科技部、北京市会同 20 余个国家部门研究编制的《"十四五"北京国际科技创新中心建设战略行动计划》正式印发，该计划提出北京市国际科技创新中心的建设将以国家重大需求为牵引，统筹天津市和河北省的优势力量集中打好关键核心技术攻坚战，促进京津冀科技创新能力体系化发展，同时带动三地在产业共性技术研发和成果应用方面进行深度合作，形成紧密协作、高效协同的区域技术创新网络。同时，未来将打造更多的"类中关村"创新系统，促进更多北京、天津的硬科技成果在河北和其他地方转化，推动区域创新链和产业链更好地融合。河北省通过持续推进技术转移体系建设、着力提升科技成果转化孵化配套能力等手段提升科技创新水平，弥合三地创新发展梯度差，促使"京津研发、河北转化"步伐进一步加快。

## （二）自贸试验区全覆盖将带动区域高水平对外开放

北京自贸试验区在 2020 年揭牌成立，京津冀地区实现了自贸试验区全覆盖，三大自贸试验区相互支撑、互为犄角，同时又实现了差异化定位，将带动京津冀地区进一步高水平开放。北京自贸试验区重点推动服务业扩大开放，将在国家服务业扩大开放综合示范区政策基础上发挥自贸易区试点任务作用，通过落实总体方案明确的深化金融领域开放创新、满足高品质文化消费需求、优化发展航空服务等三个方面 40 余项措施，推动服务业进一步开放。天津自贸试验区服务京津冀企业国际化经营，充分发挥跨境本外币资金池、FT 账户等跨境投融资综合功能优势，着力打造"走出去"海外工程出口基地、央企创新型金融板块承载地和跨境投融资枢纽。河北自贸试验区推动产业领域开放创新，重点在生命科学与生物医药、高端装备制造、数字贸易、大宗商品贸易、临空产业、临港经济、国际物流等领域构建开放合作载体，推进产业开放，开展先行先试。

## （三）世界级先进制造业集群将加速形成

2019 年 8 月，京津冀三地工信部门签署《进一步加强产业协同发展备忘录》，提出联手打造世界级先进制造业集群。2021 年 1 月，京津冀工信部门编制形成《京津冀产业协同规划（建议稿）》初稿，提出将共同聚焦新一代信息技术、生物医药、高端装备、汽车等三地优势产业，联手打造世界级先进制造业集群。当前，一些先进制造业集群已经在区域内初见雏形。例如，京津冀地区机器人科研机构总数达 25 家以上，依托强势人才资源，三地联手打造的世界级机器人产业集群正在香河加速形成。随着北京现代沧州工厂整车项目的引进，42 家国内外知名汽车零部件生产企业相继落户沧州，建成汽车及零部件项目 200 余个，一个千亿级汽车产业集群正在渤海之滨加速形成。凭借"共建共管共享"模式，98 家北京药企集中签约落户沧州渤海新区生物医药产业园。同时，临港开发区正在规划建设孵化平台、中试基地、分析检测中心等，科技创新链条更加完善，未来园区将崛起百亿元产值的生物医药产业集群。

（本章由高帅负责编写）

# 第四章

# 长江经济带产业转移的现状与趋势

全面推动长江经济带发展是我国需要深入实施的区域重大战略。长江经济带覆盖沿江的上海市、江苏省、浙江省、安徽省、江西省、湖北省、湖南省、重庆市、四川省、贵州省和云南省共 11 省市,贯通我国东、中、西部,2019年地区总人口数已达到全国总人口数的约 43%,经济规模总量已经占到了全国经济的 45%左右。长江经济带凭借其独特的区位地理优势和重大的区域经济价值,对我国畅通国内国际双循环、构建新发展格局具有不容忽视的作用。2020年,长江经济带地区产业转移工作扎实推进,经济发展趋于稳健,工业经济和产业结构持续向好,地区差距逐渐缩小但仍然明显,产业发展形成一些新态势。

## 一、长江经济带产业发展总体情况

全面推动长江经济带发展作为我国五大区域重大战略中涵盖省市最多的战略,具有范围广、水平不一、生态压力大等特点。东部地区产业数字化、智能化的步伐加快,并且着力构建以绿色为导向的现代产业体系;中部地区产业发展提速，在承接产业转移的同时立足当地产业特色，发展势头迅猛；西部地区特别是成渝地区的产业合作与发展进入新阶段，成为内陆地区产业转移与合作的新高地。但是，长江经济带 11 省市间的发展差距虽有缩小但仍明显，产业布局仍有进一步优化的空间。根据从国家统计局等权威渠道获取的数据显示，长江经济带产业发展的总体情况如下。

## （一）经济总量稳步提升，经济增速有所放缓

长江经济带覆盖了我国约 1/3 的省份，经济总量占全国经济的比重也在不断提升，根据国家统计局数据，2019 年，长江经济带 11 省市的地区生产总值为 457805.17 亿元，平均增速为 7.2%，较 2018 年下降 0.2 个百分点，高于同期我国国内生产总值 1.1 个百分点，与 2018 年相比保持了较为稳定的增长。从区域整体看，长江经济带经济规模增长稳定，但可以看出增速已经出现放缓（见图 4-1）。

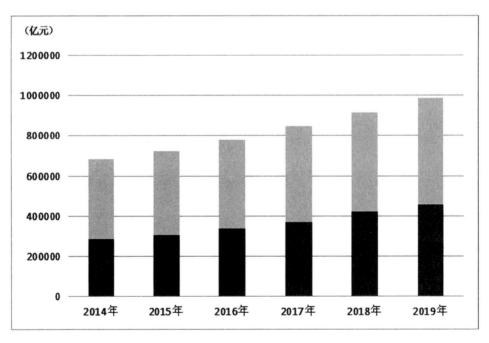

注：深色代表长江经济带的数据，总体代表全国的数据。

图 4-1　2014—2019 年长江经济带生产总值及占全国的比重情况

从长江经济带内部各省市的地区生产总值增长情况来看,2019 年增速低于全国平均水平的只有上海市（6.0%），其余 10 省市均高于全国平均水平。贵州省以 8.3%的增速继续保持全国第一,此外,在生产总值增速 4 个超过 8%的省份中,长江经济带独占 3 席,另外两个省份分别为云南省、江西省。从经济总量看, 2019 年江苏省生产总值为 99631.52 亿元,距离"10 万亿俱乐部"仅剩一步之遥,浙江省首次突破 6 万亿元,湖北省首次突破 4 万亿元（见表 4-1）。

表 4-1　2014—2019 年长江经济带各省市生产总值相关情况

| 地　区 | 2014 年（亿元） | 2015 年（亿元） | 2016 年（亿元） | 2017 年（亿元） | 2018 年（亿元） | 2019 年（亿元） |
|---|---|---|---|---|---|---|
| 上海市 | 23567.7 | 25123.45 | 28178.65 | 30632.99 | 36011.82 | 38155.32 |
| 江苏省 | 65088.32 | 70116.38 | 77388.28 | 85869.76 | 93207.55 | 99631.52 |
| 浙江省 | 40173.03 | 42886.49 | 47251.36 | 51768.26 | 58002.84 | 62351.74 |
| 安徽省 | 20848.75 | 22005.63 | 24407.62 | 27018 | 34010.91 | 37113.98 |
| 江西省 | 15714.63 | 16723.78 | 18499 | 20006.31 | 22716.51 | 24757.5 |
| 湖北省 | 27379.22 | 29550.19 | 32665.38 | 35478.09 | 42021.95 | 45828.31 |
| 湖南省 | 27037.32 | 28902.21 | 31551.37 | 33902.96 | 36329.68 | 39752.12 |
| 重庆市 | 14262.6 | 15717.27 | 17740.59 | 19424.73 | 21588.8 | 23605.77 |
| 四川省 | 28536.66 | 30053.1 | 32934.54 | 36980.22 | 42902.1 | 46615.82 |
| 贵州省 | 9266.39 | 10502.56 | 11776.73 | 13540.83 | 15353.21 | 16769.34 |
| 云南省 | 12814.59 | 13619.17 | 14788.42 | 16376.34 | 20880.63 | 23223.75 |
| 地区生产总值合计 | 284689.21 | 305200.23 | 337181.94 | 370998.49 | 423026 | 457805.17 |

## （二）工业经济形势转好，产业结构继续优化

2019 年，长江经济带 11 省市的工业经济形势均出现好转。上海市规模以上工业增加值增速达到 3.3%，比 2018 年多出 1.4 个百分点；江苏省的装备制造业增加值比上年增长 6.0%，对规模以上工业增加值增长的贡献率达 46.5%；浙江省 17 个传统制造业增加值增长 6.4%；安徽省 40 个工业大类行业有 35 个行业的增加值保持增长；江西省规模以上轻工业增长 4.3%，重工业增长 10.6%；湖北省 2019 年规模以上工业增加值增速提升 0.7 个百分点，其中高技术制造业增长 14.4%；湖南省规模以上工业增加值占地区生产总值的比重、工业对地区经济增长的贡献率均有上升，其中六大高耗能行业增加值增长 5.4%；重庆市规模以上工业增加值比上年增长 6.2%；四川规模以上工业 41 个行业大类中有 37 个行业增加值增长；贵州省 19 个重点监测的行业中，12 个行业增加值保持增长；云南省规模以上工业增加值增长 400 亿元，但增速放缓 3.7 个百分点。根据国家统计局的数据显示，2019 年长江经济带 11 省市工业增加值为 148344.93 亿元，较 2018 年增长 6.16%，高于全国规模以上工业增加值增速，占全国工业增加值的比重达到 46.91%，较 2018 年提升 0.33 个百分点（见图 4-2）。

注： ▬ 为工业增加值，---- 为占全国比重

图 4-2　2014—2019 年长江经济带工业增加值及占全国比重情况

根据长江经济带 11 省市三次产业的比重情况来看，其产业结构较 2018 年继续优化，三次产业结构平均值从 8.1:40.6:51.1 调整为 7.8:38.8:53.5，第一产

业和第二产业比重进一步下降，第三产业上升约 2.4 个百分点。分地区看，11
省市的第三产业比重均在上升，浙江省的第二产业略有上升，上海市的第三产
业增加值比重已经突破 70%，安徽、湖北、贵州、云南四省份的第三产业比重
首次超过 50%。东部地区中，江苏省、浙江省的第二产业增加值比重较高，中
部地区第二产业增加值比重较高的为安徽省和江西省（见图 4-3）。

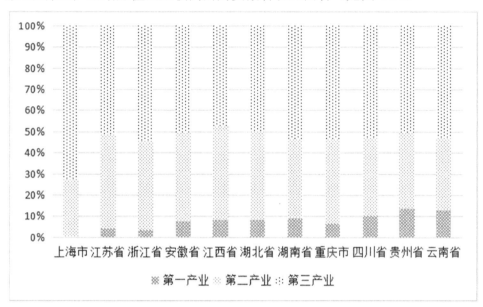

图 4-3　2019 年长江经济带各省市三次产业比重情况

## （三）战略性新兴产业成长迅速，研发经费投入稳步提升

2019 年，长江经济带 11 省市战略性新兴产业实现增加值的平均增速
11.2%，高于全国平均增速（8.4%）2.8 个百分点。上海市战略性新兴产业增加
值占地区生产总值的比重为 16.1%，较 2018 年提高 0.4 个百分点；江苏省战略
性新兴产业产值比上年增长 7.6%，占规模以上工业总产值比重达 32.8%，比上
年提高 0.8 个百分点；浙江省以新产业、新业态、新模式为主要特征的"三新"
经济增加值占生产总值的 25.7%，数字经济核心产业增加值达 6229 亿元，比
上年增长 14.5%；安徽省七大战略性新兴产业增幅均在 10%以上，24 个战略性
新兴产业集聚发展基地产值平均增长 13.6%；江西省战略性新兴产业增加值增
长 11.4%，高于全省平均 2.9 个百分点，比重为 21.2%，比上年提高 4.1 个百分

点；湖北省战略性新兴产业实现 10% 的增长；湖南省战略性新兴产业增加值增长 9.9%，占地区生产总值的比重为 8.6%；重庆市新一代信息技术、生物医药、新材料、高端装备制造等产业表现亮眼，分别增长 16.0%、7.9%、10.3% 和 7.8%；四川高技术制造业增加值增长 11.7%；贵州省近五年的战略性新兴产业年均增长都在 13% 以上，总产值近 6000 亿元，以新一代电子信息技术为主导的战略性新兴产业比重年均增长 15% 以上；云南省围绕以生物医药、生物制造和生物技术服务为主的现代生物产业，以硅、锗、铟等光电子基础材料资源优势和军工领域光电子技术积累，2019 年实现战略性新兴产业增加值增速 13.3%，占地区生产总值比重提高 10% 以上。

从研发经费投入看，据国家统计局的数据显示，我国规模以上工业企业 2019 年全年的研发经费为 139710991 万元，较 2018 年提升 7.84%。长江经济带 11 省市规模以上企业的研发经费投入较 2018 年稳步提升，排在前两位的分别为江苏省 22061581 万元和浙江省 12742260 万元，湖南省以 5931485 万元超越上海市 5906504 万元排在了第 3 位，此外安徽省、湖北省的研发经费投入也达到了 5000000 万元以上。可见长江经济带下游地区对创新和科技研发的力度不减，而中游、下游地区的投入提升迅速。云南省研发经费投入增速超过 20% 排在第 1 位，江西省、贵州省的研发经费投入增速也接近 20%。从长江经济带的整体情况来看，下游地区投入总量大，但增速已显放缓，中上游地区虽然在总量上落后，但保持了较高的增速，追赶劲头十足（见图 4-4）。

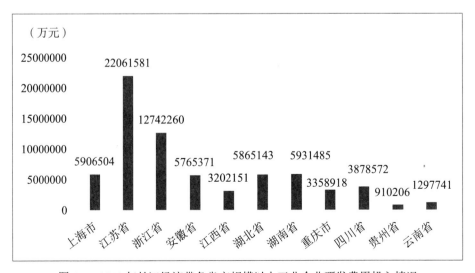

图 4-4　2019 年长江经济带各省市规模以上工业企业研发费用投入情况

## （四）投资增长但增速下滑，省际差距缩小结构差异较大

2019 年，长江经济带固定资产投资额继续保持增长，固定资产投资规模达334441 亿元，占全国的比重接近 60%；投资增速达 7.7%，高出全国平均值 2.6个百分点，但增幅较上年有所下降。近年来，受供给侧结构性改革和结构转型升级优化的影响，长江经济带固定资产投资回归理性，增幅持续减缓。除浙江省、湖南省投资增速实现正增长外，其余省市都出现增速放缓迹象。其中，贵州省的固定资产投资增速下滑 14.8 个百分点，位于各省市之首，安徽省、江西省、重庆市、云南省等地的投资增速也都出现 1～3 个百分点的不同程度下滑，上海市、江苏省、湖北省、湖南省、四川省等地的投资增速变化不大，呈现出较为稳定的发展态势。

在经济总量保持上升的情况下，长江经济带内部各省市间的地区经济差距在不断缩小。2019 年，东部发达的长三角地区（沪苏浙皖）的经济总量在长江经济带内所占比重有所下滑，从 2017 年的 52.3%下降到 2019 年的 51.8%，下降了 0.5 个百分点；中部地区的赣鄂湘从 2017 年的 24.6%下降到 2019 年的24.1%，西部地区的云贵川渝所占比重从 2017 年的 23.2%提高到 2019 年的24.1%。总体而言，西部欠发达地区的生产总值在长江经济带内所占比重提升明显，东部和中部地区所占比重略微下降，长江经济带内省际差距有所减小。

各省市的产业结构比较来看，上海市第三产业产值占地区生产总值的比重高出第二产业 45.7 个百分点，第二产业的比重不足 30%，第一产业的比重微乎其微，服务型经济主导的产业结构特征极为明显；浙江省、重庆市两地的第一产业占地区生产总值的比重不足 7%，第三产业的比重高出第二产业 10 个百分点以上，形成典型的"三二一"型产业结构；江苏、江西两省的第二产业比重与第三产业比重相差不大，呈现服务业与工业并重的产业格局；安徽、湖北两省的产业结构正处于服务业、工业并重向"三二一"型产业结构转型的过程中；湖南省、四川省、贵州省、云南省的第一产业比重均在 10%左右，第二产业比重不足 40%，第三产业比重又远远超过第二产业，产业体系中的农业仍占据一定地位，服务业增长较快。

## 二、长江经济带产业转移的现状和特点

产业转移与合作是联结我国东、中、西部协调发展的纽带，是优化生产力空间布局、形成合理分工体系的有效途径，对推动地方产业升级和经济高质量发展有重要意义。近年来，长江经济带 11 省市内外部的合作不断增加，也开展了一系列产业转移与合作的实践。2020 年，长江经济带 11 省市以"绿色"和"高质量"为导向，不断落实产业转移与合作的机制，推进产业转移与合作工作有序开展。

### （一）产业转移与合作的机制不断落实优化

长江经济带战略作为我国五大区域重大战略之一，中央和地方政府均给予高度重视，着力于推动相关机制体制的建立，并促进其落实优化。从中央层面看，中国共产党中央委员会设立推动长江经济带发展领导小组、推动长三角一体化发展领导小组，统筹长江经济带和长三角区域的发展。从地方层面看，长江经济带各省市之间不断探索合作的模式和机制，浙江省与江西省共同打造了浙赣边际合作（衢饶）示范区，首批签约项目 26 个，总投资达到106.8 亿元。湖南省、湖北省及江西省探索开展省际协商合作（参见专栏 4-1）。重庆市江津区与成都市郫都区、泸州市、自贡市、雅安市等有关区县开展交流合作，签订了一系列关于生态环境保护、产业协同发展、基础设施互联互通等领域的战略合作协议。

---

**专栏 4-1　湖南：湘鄂赣加快省际协商合作**
**同饮长江水，共下"一盘棋"**

2021 年 1 月，在长沙召开的长江中游地区省际协商合作专题协调会上，湘鄂赣三省发改部门共商合作大计，将抢抓国家重大战略机遇，打造中部崛起新增长极。

---

**省际交通建设按下"快进键"**

2 小时内交通互达——目前，武汉城市圈、长株潭城市群、环鄱阳湖城市群这三大城市群之间，已基本构建起以高铁、高速公路为主的快速交通体系。

2021 年起，湘鄂赣三省际的交通基础设施建设将按下"快进键"。

随着国家"八纵八横"高铁网络建设加快，多条涉及湘鄂赣三省的高铁项目被加速提上日程。

湘鄂两省正推进呼和浩特至南宁高铁的重要组成部分——襄阳至常德铁路前期工作。这条高铁贯穿江汉平原与环洞庭湖经济圈，对全面推动长江经济带发展具有重大意义。

湘赣两省的新高铁通道——长赣铁路，作为厦渝通道的重要一段，将带动萍乡、赣州等沿线地区经济发展，深化湘赣边区域合作。

三省同饮长江水，打通新的水路运输通道势在必行。

连接湘鄂两省的松虎航道，长期以来因等级偏低、码头标准不高，成为湘西北地区对接长江经济带的瓶颈。松虎航道有望在"十四五"早期开工建设，该航道建成后将成为湖南第二条通往长江的水上通道。

作为湘江支流的渌水航道，连接江西萍乡，湖南醴陵、渌口等地，沿线集聚了陶瓷、烟花等重要产业，是重要的省际水运通道。湘赣两省正加快推动该项目尽早开工建设。

三省间公路建设也正按计划推进。

目前，桂东至江西遂川、沪昆高速金鱼石（湘赣界）至醴陵段扩容工程、京港澳高速羊楼司（湘鄂界）至岳阳龙湾段扩容工程等项目正加快推进前期工作。

**服务国家战略打造新增长极**

一曲《浏阳河》、一支《请茶歌》，道不尽湖南如此多娇、江西风景独好。

近年来，三省共同实施长江经济带、长江中游城市群、中部崛起等国家战略，开展广泛深入合作。平江、修水、通城开展"通平修"次区域合作，岳阳、咸宁、九江开展三地合作，湘赣边界区域 13 县（市）定期召开湘赣边区域开放合作交流会，建立了合作长效机制。

按计划，三省将深入推动自贸试验区和经济试验区合作建设，通过项目引进、园区合作、"飞地经济"等方式承接新兴产业转移和布局，落地一批引领型标志性重大项目，集聚若干战略性产业集群，打造中部经济新增长极。

## （二）"绿色"与"高质量"是产业转移的两大主题

2020 年，长江经济带 11 省市的产业转移与合作工作注重协同推动生态环境保护和经济发展，"绿色""高质量"成为各省市开展工作的总基调。浙江省通过治水拆违倒逼，"小微企业园"引领，铁腕整治"低散乱"，持续淘汰落后产能，全面完成电镀、造纸、印染、制革、化工、铅蓄电池等六大行业整治，重污染高耗能产业比重持续下降（参见专栏 4-2）。江苏省近 5 年关停退出钢铁产能 1931 万吨、水泥产能 1155 万吨，化工企业从 2017 年年初的 6800 多家压减到大约 3400 家，沿江 1000 米内化工企业减少到 255 家。重庆市一方面开展清洁化诊断，为 208 家工业企业查找 926 个具体问题并进行解决，减排污染物超过 1200 吨；另一方面狠抓绿色化技改，累计实施绿色制造项目 132 项，减排各类污染物 3 万余吨，新增工业固废综合利用能力 100 万吨以上。贵州省以"千企改造"为载体，支持省内一批具有产业发展优势的制造企业开展智能化生产线建设，推动传统制造企业智能化改造升级，"十三五"期间共实施项目 475 个，完成投资 327.47 亿元。

### 专栏 4-2　腾笼换鸟求转型　凤凰涅槃促提升
—— 浙江省有序推进特色行业整治和转型升级

浙江省"七山一水二分田"，人口众多，资源匮乏，改革开放之前经济基础非常薄弱。20 世纪 80 年代以来，浙江省民营经济迅速壮大，各类特色产业蓬勃兴起，在提供众多就业岗位的同时，也为经济发展注入强大活力。但浙江省特色产业以中小企业为主，发展过程中逐渐暴露出经济效益差、管理水平低、资源浪费、环境污染、生态破坏等问题，成为制约高质量发展的突出因素。2017年中央生态环境保护督察组反馈意见指出，浙江省特色行业监管难度大、任务重，局部污染问题仍然时有发生。对此，浙江省委、省政府高度重视，高标准推进督察反馈意见整改，推动经济高质量发展。借势借力加快推进特色产业整治和转型升级工作，各地生态文明建设扎实推进，绿色发展水平不断提升，逐步走出了一条生态环境改善和民生保障的双赢之路。

### 杭州富阳：全力推进造纸行业腾退转型

2017年以来，杭州市富阳区摒弃以往靠山靠水、靠天靠地的环境污染型、资源消耗型"四靠经济"，以破釜沉舟的勇气推进产业业态的高标准转型之路。全区上下坚定"三看四态、三个拥抱、三高发展"战略部署，坚决贯彻落实时任省委书记车俊同志关于要在创新驱动上先突破，加快传统产业改造升级的重要指示，高标准实施造纸行业转型，全区产业空间格局持续优化，生态环境质量持续向好。通过整治，累计淘汰落后产能企业1050家，其中仅富春湾新城造纸及关联行业整体腾退就涉及企业740家，减少废水排放9000万吨，腾出用地空间2.5万亩①。富阳区坚持一边腾退关停，一边重塑新城的原则，持续深化腾退转型成果，加大项目招引力度，推动平台能级提升，全面加快构建现代产业体系，2019年8月，滨富特别合作区挂牌成立，四年来累计招引项目386个，总投资527亿元，高新技术产业增加值达到53%以上。造纸行业整体转型腾退，推动区域环境质量的明显改善，2016年至2019年，富阳空气优良率由87.4%上升至93.9%，PM2.5浓度由42.7微克/立方米下降到35.3微克/立方米；生态环境公众满意度连续4年攀升，区域环境信访数量从2016年的2328件下降到2019年的1280件，实现"四连降"。

### 宁波慈溪：打好橡胶企业整治"组合拳"

宁波慈溪市长河镇橡胶产业起源于20世纪80年代，经过30多年发展，

---

① 1亩≈666.67平方米

已形成块状集聚。然而，橡胶行业在快速发展的同时，仍存在用地、环保、消防等突出问题，"低小散"现象显著。中央生态环保督察以来，当地政府按照"取缔一批、规范一批、提升一批、转型一批"的工作思路，重拳出击，强势开展橡胶制品加工行业污染整治工作，努力为群众打造更为宜居的生活空间。当地投资1.8亿元，优化建成两个橡胶产业加工制品小微企业园区，园区选址合理、布局规整、立面统一、环境整洁，为企业发展和升级污染治理设施预留空间。当地政府部门积极引导有实力、有潜力、有发展前景的企业优先入园，劝导尚在爬坡上升阶段的小企业抱团组成联合体，联合组团入园，着力扶持企业实现行业提升，帮助企业实现更高质量发展；对270家无环评且整治无望的橡胶企业实施了关停。

目前，已有31家橡胶企业入园，所有进驻企业全部按要求实现生产设施设备升级优化。当地正积极探索引入环保管家等第三方治理模式对园区进行规范化管理，实现运维升级、管理升级、环境升级。经过整治，企业的品质意识、环保意识大幅提升，解决了部分企业生存问题，橡胶小微企业"低散乱"的状况得以改变，产业优质集聚效应正逐步形成，实现了传统产业的高品质、可持续发展。

**湖州长兴：主动作为找短板，推进五大行业专项整治**

2017年，中央环保督察组督察工作后，湖州市长兴县认真对照督察反馈意见，举一反三，自加压力，针对全县特色行业量大面广、"低、小、散"特点，集中开展了琉璃瓦制品、废塑料加工、模压复合材料井盖、废丝加工、大理石加工五个特色行业专项整治行动，切实解决了一批群众关心的环境问题，有效化解了环境信访矛盾，促进了经济生态协调发展。为做好整治工作，长兴县由各行业主管部门牵头，属地乡镇组织实施，相关职能部门密切配合，压实排污企业主体责任，深入开展调查研究，精心制订整治方案，"一厂一策"分类指导推进，不搞"一刀切"。对证照不全、无序发展企业坚决关停取缔；效能低下、设备落后、环境问题突出企业鼓励淘汰、限期退出；保留企业结合工业布局规划原地提升改造或引导集聚重组，全面提升企业工艺装备、污染治理、安全生产等各方面综合治理水平。通过专项整治，长兴县五大行业458家企业淘汰关停290家、保留168家，无序发展的状况得到有效遏制，共减少废水排放10万吨、颗粒物排放

1000 吨、VOCs 排放 350 吨、二氧化硫排放 200 吨，腾出土地 400 余亩。2019 年全县空气优良率 86.1%，较 2017 年提高 3.8 个百分点；PM2.5 平均浓度 34 微克/立方米，下降 19%；全县环境信访投诉总量较 2017 年减少 39%；全县生态环境公众满意度达到 87.8%，连续三年提升。同时，全县经济保持持续快速发展，年均生产总值增速 8% 以上，稳居全国综合实力百强县之列。

### 绍兴柯桥：印染产业加速实现改造提升

绍兴市柯桥区将中央生态环保督察作为局部局地污染整改、产业发展转型升级的重要契机，通过分类施策、疏堵结合，营造了"铁拳整治"的浓厚氛围，倒逼印染产业改造提升。一是系统谋划，整体推进。按照"集聚区、提升区、退出区"印染企业空间分布，分类实施、分步推进。二是全面发动，重抓落实。通过实地调研、指导、督查，协调解决遇到的困难，强化相关镇（街道、开发区）的责任意识，进一步深化认识、凝聚共识，营造改造氛围。三是政策引导，严管严控。一手抓集聚升级，一手抓停产改造，"导促结合"增强印染企业的集聚意向和动力。出台相关政策，明确印染企业退出政策、改造标准、奖励扶持等，引导企业自觉集聚升级。四是分类施策，集聚提能。退出区内印染企业，明确不再新批项目用地，不再新增电力容量、能耗总量、排污容量。对集聚区内印染企业制订集聚区设备、工艺、废水（废气）综合治理的准入标准。目前，全区印染产业历经三轮集聚提升，印染企业由原来的 212 家整合成 108 家，区域产业集群优势进一步显现。下一步，柯桥区将继续推动印染企业向高新化、智能化、绿色化发展，全力推进印染产业转型升级，着力打造"绿色高端、世界领先"现代产业集群。

### 台州温岭：修造船企业"破茧重生"

台州温岭市是海洋渔业大市，船舶修造行业产能曾达到 133.4 万吨，曾经承接我国首艘万米级深渊科考母船"张謇"号、首艘以民营资本打造的小水线面双体型科考船"沈括"号等建设工程。但船舶修造行业污染问题一直存在，并被 2019 年长江经济带生态环境警示片曝光。

温岭市以环境革命、产业革命双轮驱动，全面启动船舶修造行业整治提升工程，在危机中育新机，于变局中开新局。一是压紧压实责任。第一时间成立以书记、市长为双组长的船舶修造行业整治提升工作领导小组，抽调相关单位业务骨干开展实体化运作。实行"一企一专班"制度，建立专班人员责任捆绑机制。二是做好做足准备。对全市 39 家船舶修造企业开展"地毯式"排查摸底，建立"一企一档"信息库。邀请南科所、省环科院专家现场指导，制订关停标准、整治验收标准和流程。将无海域使用权证或土地使用权证、整改无望的 21 家船企列入淘汰名单，其余 18 家作为整治提升对象。三是铁腕开展整治。针对船舶修造行业固废、废油及喷砂等高污染作业，一律要求采用清洁高效除锈、喷涂、抑尘除尘工艺和设备，确保粉尘、VOC 等达标排放，一律规范设置危废仓库和一般固废贮存点，对违反环保制度的 12 家企业进行立案查处，累计罚款 447 万余元。四是梯度推进升级。出台船舶修造企业专项整治提升三年行动计划，引导船企走"专、精、特、新"之路。研究制定《温岭市船舶修造企业管理办法》，明确"积分制"扣销分细则，制作"红黄绿"三色图，倒逼船舶修造行业规范经营常态化。

## （三）水铁陆空协同形成产业转移与合作的交通保障

长江作为贯通我国东中西三大区域的"黄金水道"，具有极高的航运价值，也是长江经济带 11 省市开展产业转移与合作的重要媒介。然而，传统的长江船运主要运输的是重化产业产品和原料等大宗货物，这与"共抓大保护，不搞大开发"的理念相违背，所以长江经济带各省市着力协同水铁陆空联运，推进多种运输方式组合互动，形成多式联运的综合交通体系。目前，12.5 米深水航道疏浚到南京龙潭港，海运货物可到达龙潭港后转铁路运输，继续西行；也可从上海港卸货后走陆路运输到马鞍山再转江船；沿长江的高铁线可承担很大一部分物流任务；上海、南京、武汉、成都等城市的机场可建立起长江经济带的"空中走廊"；从合肥、义乌、苏州、武汉、成都、重庆等地出发的中欧班列将把长江经济带与"一带一路"连接起来。重庆市提出推动"三铁"融合，按照"五年全开工、十年全开通"目标，深入实施高铁建设五年行动方案，加快建设"米"字形高铁网，努力构建内畅外联、快捷高效的现代综合交通运输体系。湖北省阳逻港是长江中游航运中心核心枢纽港，其着力加快多式联运枢纽建设，依托"日本—武汉—欧洲"海铁联运国际中转新通道，促进铁、水、公、空联通，发展江海联运、水铁联运、水水直达、沿江捎带现代物流业，形成联动效应。江苏省为进一步优化提升沿江沿海港口布局，长江南京以下江海联运港区建设稳步推进——南京航运交易中心建设全面启动、连云港30万吨级航道二期工程加快推进、通州湾新出海口开工建设。

## （四）成渝地区双城经济圈成为内陆产业转移与合作的新高地

重庆市和四川省是位于长江经济带上游的两个重要省市，早在2011年，《成渝经济区区域规划》就已经得到国务院的批复，经过近10年的推进，2020年10月，《成渝地区双城经济圈建设规划纲要》通过审议，成渝地区的合作进入新阶段（参见专栏4-3）。成渝地区在产业协同方面重在围绕产业链部署创新链，围绕创新链升级产业链，加快科技成果产业化，增强核心竞争力。2020年5月，成渝地区双城经济圈就业创业协同发展联盟成立，两省市就业局签订了《共同推动成渝地区双城经济圈建设川渝公共就业创业服务合作协议》，就共建就业服务共享协作机制，共享创新创业服务平台展开合作。重庆市梁平区、垫江县，四川省邻水县、达川区、大竹县、开江县等6区县位于明月山两翼，处在明月山和高梁山、明月山和铜锣山之间的槽谷地带，形成3000余平方千米的山区平原地区，是川东北渝东北和三峡库区绿色发展的纵深和经济腹地。2020年4月，共建明月山绿色发展示范带党政联席会第一次会议召开，6个区县共同签订《共建明月山绿色发展示范带合作协议》；10月，共建明月山绿色发展示范带党政联席会第二次会议召开，明月山绿色发展示范带已储备重大项目64个，总投资5135亿元，其中31个项目已开工建设，同时《共建明月山绿色发展示范带总体方案》已编制完成。

## 专栏4-3 唱好"双城记"建设"经济圈" 共同谱写新时代川渝合作发展新篇章

2020年3月，推动成渝地区双城经济圈建设四川省、重庆市党政联席会议第一次会议以视频会议形式召开，紧紧围绕党中央确定的战略目标和重点工作研究贯彻落实措施，务实推动成渝地区双城经济圈建设开好局、起好步。

成渝地区双城经济圈建设上升为国家战略。推动成渝地区双城经济圈建设，有利于在西部形成高质量发展的重要增长极，优化国家区域经济布局；有利于打造内陆开放战略高地，优化国家对外开放格局。建设成渝地区双城经济圈，是川渝两地发展的重大利好。

重大战略蕴含重大机遇。两省市将坚持问题导向、目标导向、结果导向，强化"一盘棋"思想、贯彻"一体化"理念，深化对接合作，尽快把战略要求转化为战略行动，加快推动成渝地区双城经济圈建设。联合推动建立与国家层面的协调推进机制，健全川渝合作机制，完善市内外协同落实机制。把战略要求化为发展规划，做好成渝地区双城经济圈建设规划纲要编制，加强川渝两地发展思路、重大项目布局、重大政策制定和专项规划对接，实现两地规划同图、计划同步。把战略要求化为合作项目，加紧谋划实施一批引领性、带动性和标志性的重大基础设施、重大产业、重大开放合作和重大公共服务项目，探索双方合作、多方参与等方式，发挥政府和市场两方面作用，为成渝地区双城经济圈建设夯实基础。把战略要求化为具体事项，开展专题调研，加强动员部署，编制行动方案，加大宣传力度，营造良好氛围，推动成渝地区双城经济圈建设开好局、起好步。

推动成渝地区双城经济圈建设，深刻把握了我国经济发展空间结构变化大势，科学顺应了高质量发展宏观趋势要求。推动成渝地区双城经济圈建设，在西部形成高质量发展的重要增长极，对于维护国家战略安全、经济安全、生态安全，推进"一带一路"建设、长江经济带发展和新时代西部大开发形成新格局具有重大意义，为更好融入全国乃至全球经济大循环集聚了竞争优势，也为进一步缩小与发达地区差距创造了重大机遇。

川渝合作进入了战略引领、高位推动、全面深化的新阶段。成渝地区双城经济圈建设是新时代四川省与重庆市改革开放的牵引性抓手，以重大战略协同为统揽，以成渝相向共兴为引领，以毗邻地区合作为突破，齐心协力、相向而行，务实推进、有效实施。把事关成渝地区双城经济圈建设和川渝两地长远发展的重大项目、重大政策、重大改革纳入国家规划。协同实施重大项目，在联席会议框架下建立省市领导牵头的重点项目联系机制，加快推动出渝出川重大通道建设，补齐基础设施领域短板。协同建设重大平台，围绕建设自贸试验区、建设"一带一路"进出口商品集散中心、举办国际大型展会、推进科学城建设、共建国家数字经济创新发展试验区、共建合作产业示范园区等，打造更多跨区域承载国家战略的实施载体。协同深化重大改革，力争在经济区和行政区适度分离、土地管理制度改革、新一轮全面创新改革试验等方面加快取得突破，将民生领域改革作为协同改革的优先内容。协同完善推进机制，构建决策层、协调层、执行层上下贯通的三级运作机制，做实日常办事机构职能职责，把成渝地区双城经济圈建设协同机制抓实抓细、抓出成效。

## （五）长三角一体化推动产业转移要素聚集与辐射

长江三角洲地区包括上海市、江苏省、浙江省、安徽省，这里具有较为优越的区位条件和较好的经济基础，是全国发展基础好、整体竞争力强的地区之一。2019年12月，中共中央、国务院发布《长江三角洲区域一体化发展规划纲要》，是指导该地区一体化发展的纲领性文件。上海市在建设国际经济中心、国际金融中心、国际贸易中心、国际航运中心和具有全球影响力的科技创新中心过程中，集聚了更多的全球高端要素，资本、技术、人才、数据等要素不仅在长三角扩散，还沿长江经济带向上扩散。上海张江和安徽合肥在建设综合性国家科学中心过程中，为长江经济带提供创新原动力，通过整合中下游的创新资源，催生变革性技术，沿长江经济带搭建起从科学到技术、从技术到产业的转化桥梁。浙江省以"中心城市+创新走廊"推动长三角产业创新新格局；以"平台+节点+通道"推动长三角开放贸易新格局；以"一带两廊、两屏两区"推动长三角生态空间新格局；与此同时，在省际层面推动省际毗邻区域协同发展新格局。安徽省提出要聚焦"五个区块链接"，推动"一地六县"合作区构建框架、示范引领，省际毗邻地区新型功能区跨界协同、产城融合，各类省际产业合作园区分类施策、梯次推进，城区间的合作取长补短、合作共赢，城市间的共建优势互补、协同创新，增强欠发达区域高质量发展动能。

# 三、长江经济带产业转移的趋势分析

## （一）生态优先、绿色发展将是长江经济带产业转移的总旋律

长江经济带一方面是我国经济的重要增长极，另一方面也有着较为突出的生态环境问题，各省市均面临着较大的生态环境保护压力。保持良好生态环境系统是长江经济带高质量发展的基本前提和重要内容。2020 年起，长江开始实施"十年禁渔"。未来长江经济带的产业转移工作，势必将以注重生态为先，并且着力构建绿色可持续的工业体系。2020 年，浙江省发布了全国首部省级的 GEP 核算标准《生态系统生产总值（GEP）核算技术规范陆域生态系统》，为进一步畅通绿水青山与金山银山转化通道提供了标准化支撑，同时也在探索将 GEP 的核算与考核机制全面推广到全省 26 个山区县。

## （二）上中下游的发展将会联结得更加紧密

长江经济带既有创新策源地，又有产业转化地。从长三角转移出来的劳动密集型产业，可以在坚持绿色环保的前提下，沿江而上布局到中游和上游地区，原先从中游和上游流动出来的劳动力则可以实现本地就业，从而激活当地消费市场。创新资源丰富的上海、南京、合肥等城市作为创新策源地，苏州、无锡、常州等产业基础扎实的传统工业重镇作为产业转化地，皖江城市带、成渝经济圈等新兴经济区作为承接产业转移地，通过差异化竞争和地

区合作，可以在产业链上实现生产环节的循环。

## （三）政策和法律保障不断完善、落实

2020 年 12 月，经过多年酝酿的《中华人民共和国长江保护法》经第十三届全国人民代表大会常务委员会第二十四次会议通过，该法是我国第一部流域法，是"共抓大保护、不搞大开发"的长江基本法。其中第二十二条第二款明确提出"长江流域产业结构和布局应当与长江流域生态系统和资源环境承载能力相适应。禁止在长江流域重点生态功能区布局对生态系统有严重影响的产业。禁止重污染企业和项目向长江中上游转移。"

2021 年 1 月，国家发展和改革委员会发布《西部地区鼓励类产业目录（2020 年本）》，支持产业转移和优化区域产业链布局。鼓励西部地区更好发挥特色优势。支持西部不同地区高质量发展具有当地特色的优势产业，发挥西部地区沿边、沿江等区位优势，服务畅通国民经济循环。例如，在一些西部省份增加农林牧渔、能源资源、康养旅游、边贸加工等产业条目，使西部地区资源优势、区位优势更好转化为经济优势。支持西部地区补短板、强弱项。围绕生态环境大保护，在一些西部省份增加节能环保、循环经济、宜居建设、资源综合利用等产业条目。

## （四）产业升级更加注重数字化

未来，长江经济带各省市在推动产业转移和产业转型升级工作中，将会更加注重产业的数字化改造。浙江省提出将以数字经济为抓手，与长三角兄弟省市共同谋划长三角数据中心等一批战略性数字基础设施，共同培育云计算、数字安防等一批世界级数字产业集群，协同打造全球数字经济创新高地。江苏省提出一方面，要在"旧"动能提升上下功夫。围绕产业基础高级化、产业链现代化，推动传统产业高端化、智能化、绿色化，巩固壮大实体经济根基。鼓励引导沿江企业积极抢抓 5G、工业互联网等风口机遇，构建自主可控、安全可靠的绿色产业链。另一方面，要在"新"动能培育上下功夫。瞄准人工智能、量子信息、集成电路、生命健康等前沿领域，实施一批具有前

瞻性、战略性的国家重大科技项目。加强基础研究、注重原始创新，推动建立科技创新中心，支持紫金山实验室、姑苏实验室等重点实验室建设，提升原始创新能力和水平，加快形成一批优势产业集群。四川省建设总投资约 30 亿元的长江上游区域大数据中心暨大数据产业园项目，该产业园项目作为宜宾市抢抓加快新型基础设施建设历史机遇、构筑信息制高点的战略选择，"立足川南、面向西部、服务全国、辐射全球"进行建设。项目总建筑面积约 25 万平方米，包括大数据中心机房、大数据产业园办公楼及相应配套设施，其中，机房按中国电信五星级机房标准修建，整体规划 10000 个机柜的服务能力。

**（本章由刘浩波负责编写）**

# 第五章

# 粤港澳大湾区产业转移的现状与趋势

　　粤港澳大湾区由"9+2"组成，即广东省的广州市、深圳市、珠海市、佛山市、中山市、东莞市、惠州市、江门市、肇庆市（以下简称珠三角9市），以及香港特别行政区、澳门特别行政区，土地面积合计5.6万平方千米，占全国的0.6%，2019年年末常住人口约7267万，占全国的5.2%。2019年2月《粤港澳大湾区发展规划纲要》印发，提出将粤港澳大湾区建设成充满活力的世界级城市群、国际科技创新中心、"一带一路"建设的重要支撑、内地与港澳深度合作示范区，打造成宜居宜业宜游的优质生活圈，成为高质量发展的典范。2020年，在疫情冲击和全球经济低迷的背景下，粤港澳大湾区经济复苏向好，大湾区协同发展、世界级城市群建设正朝纵深推进，一些重大政策在大湾区先行先试，为区域创新发展注入动力。本章以珠三角9市为重点分析对象。

# 一、粤港澳大湾区产业发展总体情况

## （一）区域经济实力稳步提升

2019 年，粤港澳大湾区经济实现平稳增长，地区生产总值实现 11.99 万亿元，同比增长 5.28%，占全国 GDP 比重为 12.15%。广州市、深圳市、珠海市、佛山市、惠州市、东莞市、中山市、江门市、肇庆市等珠三角 9 市 2019 年实现生产总值总额 8.69 万亿元，占广东省生产总值比重 80.47%（见图 5-1），占粤港澳大湾区 11 城生产总值比重 72.45%。

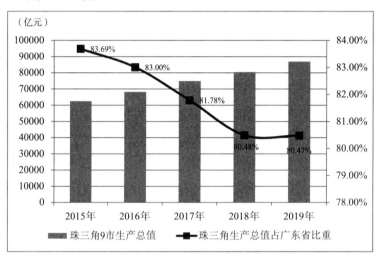

图 5-1　2015—2019 年珠三角 9 市地区生产总值及占广东省比重

从粤港澳大湾区内部各城市生产总值经济增长情况看，11 市之间经济体量差距较大，可以分为三个梯队：第一梯队为深圳、香港、广州三城市，生产总值均超过 2 亿元。2019 年深圳市生产总值为 26927.1 亿元，同比增长 6.7%，香港 2019 年生产总值为 28682.0 亿元，同比下跌 1.2%，是自 2009 年以来首次出现全年下跌，经济增长乏力。2019 年，广州市生产总值为 23628.6 亿元，同比增长 6.8%。第二梯队为佛山市和东莞市，生产总值在 1 亿元左右。2019 年，佛山市地区生产总值达 10751.0 亿元，同比增长 6.9%，首次迈进国内经济总量超万亿城市行列。东莞市 2019 年全市生产总值达 9482.5 亿元，同比增长 7.4%，增速珠三角第一。第三梯队为澳门特别行政区、珠海市、惠州市、中山市、江门市、肇庆市等 6 个城市，生产总值均未超过 4500 亿元。2019 年，中山市生产总值实现 3101.1 亿元，同比增长 1.2%。2019 年，肇庆市生产总值实现 2248.8 亿元，比上年增长 6.3%。2019 年，惠州市实现生产总值 4177.4 亿元，同比增长 4.8%。珠海市 2019 年生产总值为 3435.9 亿元，同比增长 6.8%。江门市 2019 年生产总值为 3146.6 亿元，同比增长 4.3%。中山市和江门市经济增长在 2019 年出现了大幅下滑，经济增速分别为 1.2%和 4.3%，同比 2018 年下降了 4.7 和 3.5 个百分点。受投资及服务出口下跌拖累，澳门特别行政区 2019 年生产总值为 4346.7 亿元，同比增长-0.3%（见表 5-1）。

表 5-1　2019 年粤港澳大湾区内各城市地区生产总值及增速

| 城　　市 | 地区生产总值（亿元） | 同比增速（%） | 比重（%） |
| --- | --- | --- | --- |
| 深圳市 | 26927.1 | 6.7 | 22.45 |
| 香港特别行政区 | 28682.0 | -1.2 | 23.92 |
| 广州市 | 23628.6 | 6.8 | 19.70 |
| 佛山市 | 10751.0 | 6.9 | 8.96 |
| 东莞市 | 9482.5 | 7.4 | 7.91 |
| 惠州市 | 4177.4 | 4.8 | 1.88 |
| 中山市 | 3101.1 | 1.2 | 2.59 |
| 澳门特别行政区 | 4346.7 | -0.3 | 3.62 |
| 珠海市 | 3435.9 | 6.8 | 2.86 |
| 江门市 | 3146.6 | 4.3 | 2.62 |
| 肇庆市 | 2248.8 | 6.3 | 2.03 |

## （二）工业集聚程度较高且规模优势明显

目前，粤港澳大湾区的工业主要分布在珠三角 9 市，2019 年珠三角 9 市实现规模以上工业增加值 2.79 万亿元，占广东省规模以上工业增加值的比重为 86.05%。其中，除广州市之外，工业仍是其他 8 个城市经济发展的主要动力。东莞市、佛山市和惠州市的规模以上工业增加值占生产总值的比重分别达到 44.22%、45.34%、39.60%，深圳市、珠海市、中山市的规模以上工业增加值比重在 35%左右，江门市、肇庆市的规模以上工业增加值比重相对较低，分别为

32.05%、29.74%。根据珠三角 9 市规模以上分行业工业增加值来看，目前工业占主导地位的行业为计算机、通信及其他电子设备制造业、电器机械和器材制造业、汽车制造业等先进制造业，3 个行业在工业中所占比重分别为 29.47%、11.01%、5.20%。广东省超过 90% 的计算机、通信及其他电子设备制造业、电器机械和器材制造业，80% 左右的汽车制造业都聚集在珠三角 9 市。

从规模以上工业增加值的绝对规模上看，在珠三角 9 市中，深圳市规模以上工业增加值最高，2019 年达 8893.2 亿元，在珠三角 9 市规模以上工业增加值所占比重为 31.8%，高于大部分西部地区和东北三省，其中，先进制造业增加值增长 5.5%，高技术制造业增加值增长 5.9%。从主要行业看，计算机、通信和其他电子设备制造业增长 5.5%，电气机械和器材制造业增长 7.1%，专用设备制造业增长 8.9%，通用设备制造业增长 7.2%，医药制造业增长 10.2%。其次是广州市、佛山市和东莞市，规模以上工业增加值在 4500 亿元左右。其他 5 个城市规模以上工业增加值规模相对接近，大部分在 1500 亿元以下。

从 2016—2019 年规模以上工业增加值平均增速看，珠三角 9 市只有东莞市、深圳市、珠海市规模以上工业增加值平均增速较高，分别达 12.71%、8.52%、7.19%。惠州市、江门市、佛山市规模以上工业增加值平均增速略有提高（见图 5-2），仅为 2% 左右。广州市、肇庆市、中山市的规模以上工业增加值平均增速为负值。除深圳市、东莞市、佛山市等城市外，其他城市工业增长的动能不足（见表 5-2）。

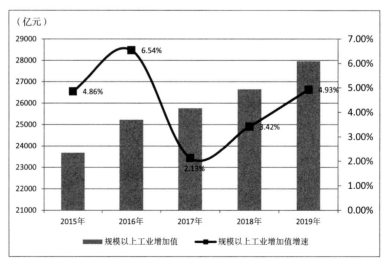

图 5-2　2015—2019 年珠三角 9 市规模以上工业增加值及增速

表5-2 2019年珠三角9市工业主要行业类别

| 城 市 | 工业增加值比重排名前五位行业 |
|---|---|
| 深圳市 | 计算机、通信及其他电子设备制造业，电器机械和器材制造业，专用设备制造业，电力、热力生产和供应业，通用设备制造业 |
| 广州市 | 汽车制造业，计算机、通信及其他电子设备制造业，化学原料及化学制品制造业，电力、热力生产和供应业，食品制造业 |
| 佛山市 | 电器机械和器材制造业、金属制品业、非金属矿物品业、汽车制造业、橡胶和塑料制品业 |
| 东莞市 | 计算机、通信及其他电子设备制造业，电器机械和器材制造业，橡胶和塑料制品业，金属制品业，专用设备制造业 |
| 惠州市 | 计算机、通信及其他电子设备制造业，电器机械和器材制造业，化学原料及化学制品制造业，石油加工、炼焦和核燃料加工业，电力、热力生产和供应业 |
| 中山市 | 电器机械和器材制造业，计算机、通信及其他电子设备制造业，通用设备制造业，金属制品业，橡胶和塑料制品业 |
| 珠海市 | 电器机械和器材制造业，计算机、通信及其他电子设备制造业，医药制造业，化学原料及化学制品制造业，电力、热力生产和供应业 |
| 江门市 | 食品制造业，电力、热力生产和供应业，金属制品业，计算机、通信及其他电子设备制造业，电器机械和器材制造业 |
| 肇庆市 | 非金属矿物制品业，金属制品业，计算机、通信及其他电子设备制造业，电力、热力生产和供应业，化学原料及化学制品制造业 |

## （三）产业转型升级态势良好

随着粤港澳大湾区建设的持续推进，珠三角、香港、澳门三地产业互补性增强，新兴产业发展和传统产业转型升级成效明显。广东省社会科学院发布的《2019年度广东产业转型升级评估报告》显示，产业转型升级指数得分较高的城市主要集中在珠三角地区深圳、广州、珠海等珠三角核心城市。随着新一代信息技术迅猛发展，数字经济、智慧社区等新兴业态、新经济逐渐成长壮大。2019年，广东省新经济增加值比上年增长8.0%，占地区生产总值比重达25.3%。香港的金融枢纽地位进一步巩固，金融业生产总值比重从2000年的11.4%提升至2019年的19.0%，香港是全球最大的离岸人民币结算中心，占全球人民币支付交易约75%。澳门经济结构逐渐多元化。2013—2019年，博彩业在澳门整体经济中的比重由63.1%降至50.9%。非博彩行业近年得到较大发展。2019年，金融业、会展产业、中医药产业的增加值同2015年相比上升39.1%。

从产业结构看，香港、澳门以第三产业为主，珠三角9市除东莞市和佛山市工业比重超过第三产业外，其他7个城市第三产业比重都已远超或与工业比重持平。此外，珠三角9市第三产业规模和比重具有显著的头部效应。2019年，广州市和深圳市第三产业增加值分别为1.69万亿元和1.64万亿元，规模优势明显，不仅远高于其他7个城市的第三产业规模，也高于大部分中西部地区。广州市和深圳市第三产业比重分别为71.62%和60.93%，特别是广州市产业结构领先优势突出，第三产业比重在全国处于较高水平。从珠三角9市第三产业发展速度看，珠三角9市第三产业发展速度落后于广东省其他区，从2015—2019年，珠三角9市第三产业增加值在全省第三产业的比重不断降低，从2015年的92.26%下降到2019年的83.01%，比重下降9.25个百分点（见表5-3）。

表5-3  2019年珠三角9市生产总值构成（单位：%）

|  | 第一产业 | 第二产业 | 第三产业 |
|---|---|---|---|
| 深圳市 | 0.1 | 39.0 | 60.9 |
| 广州市 | 1.1 | 27.3 | 71.6 |
| 佛山市 | 1.5 | 56.2 | 42.3 |
| 东莞市 | 0.3 | 56.5 | 43.2 |
| 惠州市 | 4.9 | 51.9 | 43.2 |
| 中山市 | 2.0 | 49.1 | 48.9 |
| 珠海市 | 1.7 | 44.5 | 53.8 |
| 江门市 | 8.1 | 43.0 | 48.9 |
| 肇庆市 | 17.2 | 41.1 | 41.7 |

## （四）固定资产投资稳中有升

2019年，珠三角9市固定资产投资额继续提升，优势进一步扩大，共完成投资2.87万亿元，同比增长12.3%，比上年提升1.4个百分点，占全省固定资产投资完成额的73.15%，比上年提升0.72个百分点。与2015年相比，投资规模增加8658.35亿元，占全省固定资产投资完成额的比例增加了6.39个百分点。

从增速上看，过去 5 年，粤港澳大湾区的投资平均增速为 12.49%，大于广东省 12.22% 的平均增速，也远高于全国 7.21% 的平均增速。从珠三角 9 个城市的具体投资额看，2015—2019 年，深圳市保持最高的平均增速和增量，分别为 21.63% 和 4057.31 亿元，远高于其他 8 个城市的平均增速和增量。2019 年，深圳市固定资产投资增速为 18.8%，比广东省高 7.7 个百分点，比全国高 13.4 个百分点。投资规模从 2018 年超越广州，到 2019 年为 7355.62 亿元，在珠三角 9 市投资总量比重 25.62%，比 2015 年提升 9.17 个百分点，绝对额比排名第二的广州高 435.41 亿元。广州市固定资产投资总量占珠三角 9 市比重为 24.11%，比 2015 年降低了 2.86 个百分点。

从制造业固定资产投资看，2015—2019 年珠三角 9 市制造业固定资产投资处于下降态势。2019 年，珠三角 9 市制造业固定资产投资约为 6261.38 亿元，同比增长 1.30%。2019 年，珠三角 9 市中惠州市制造业固定资产投资增速最高为 18.25%，深圳市、东莞市、肇庆市、珠海市的制造业固定资产投资业取得了较快增长，同比增速为达到 7% 以上。广州市、中山市、江门市、佛山市的制造业固定资产投资增速为负，特别是中山市 2019 年制造业固定资产投资出现大幅下滑，同比下降 21.8%（见图 5-3）。

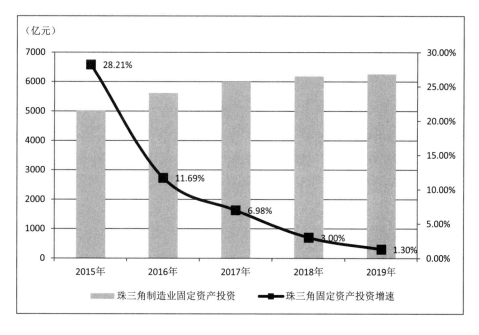

图 5-3 2015—2019 年珠三角 9 市制造业固定资产投资及增速

## （五）创新驱动产业发展成效明显

《粤港澳大湾区发展规划纲要》中明确提出将粤港澳大湾区建设为国际科技创新中心。近年来，广东省全面实施创新驱动战略，将科技创新摆在了更加重要的位置，出台了大量科技创新政策文件，内容覆盖财税金融支持、科技人才引进、科技成果转化、知识产权保护等多个方面。并在国内率先退出了一系列突破性举措，例如科技创新券、科研准备金、人才住房政策等。在这一系列政策带动下，广东省的科技创新潜力得到了前所未有的激发。中国科技发展战略研究小组发布的《中国区域创新能力评价报告 2019》显示，2019 年广东省区域创新能力综合效用值为 59.49，排名第 1 位，这也是广东省连续三年居全国之首。

2019 年，广东省投入 R&D 经费（研究与试验发展经费）3098.49 亿元，位居全国第一，比上年增加 393.79 亿元，增长 14.6%，其中珠三角 9 市全社会 R&D 经费达 2962.35 亿元。广东省和珠三角地区的 R&D 经费投入强度为 2.9% 和 3.4%，低于北京市（6.3%）和上海市（4.0%），但高于全国平均水平（2.2%）。从行业发展看，以电子及通信设备制造业、计算机及办公设备制造业等为代表的新动能产业蓬勃发展，高技术制造业增加值稳步提升。2019 年，珠三角 9 市高技术制造业增加值为 9850.15 亿元，占广东省的 96.4%，广东省几乎全部的高技术制造业都集聚在此。高技术制造业占工业的比重由 2015 年的 30.1% 提高到 2019 年的 35.2%。在粤港澳大湾区中，企业是创新的重要主体，2019 年珠三角 9 市企业 R&D 经费支出比重达 88.4%。深圳 PCT 国际专利申请连续 16 年排名全国第一。根据世界知识产权组织（WIPO）发布的数据，2019 年，共有 7 家深圳企业闯入国际专利申请 50 强，主要集中在如华为、中兴、大疆创新等头部企业（见图 5-4）。

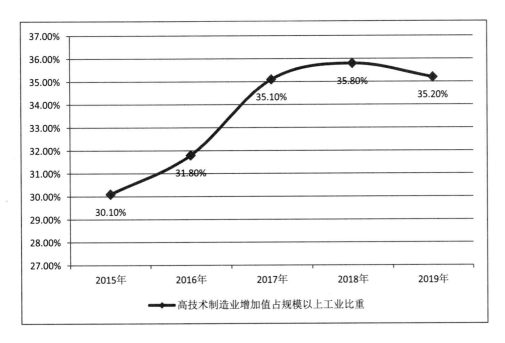

图 5-4　2015—2019 年珠三角 9 市高技术制造业增加值占规模以上工业比重

## （六）逆全球化趋势下外贸环境不断恶化

2008 年金融危机后，全球经济增长乏力，全球化带来的弊端逐渐显现，逆全球化潮流开始抬头。2018 年中美贸易摩擦爆发，进一步拖累全球经济复苏，全球贸易环境恶化。2020 年，疫情的冲击使得原本就比较脆弱的全球经济进一步下滑，也使得全球化的弊端进一步显现。粤港澳大湾区作为中国对外开放的桥头堡，对外开放程度较高，外向型经济特征明显，外部环境进一步恶化。

从粤港澳大湾区数据来看，面对贸易战初现端倪，国际投资者的反应极其迅速，他们快速缩减在中国的投资，2018 年 1 月广东省实际使用外资金额同比下降 52.3%，此后一直到 2018 年 5 月广东省实际使用外资金额同比一直处于负数区间。5 月后虽然外商投资同比转正，但从整体看，外商投资增速一直处于一个较低的水平。从珠三角 9 市看，从 2016—2019 年，除了 2015 和 2019 年外商直接投资增速为正值，其他年份均为负增长。2019 年，珠三角 9 市实际利用外商直接投资 211.63 亿美元，同比增长 3.68%（见图 5-5）。

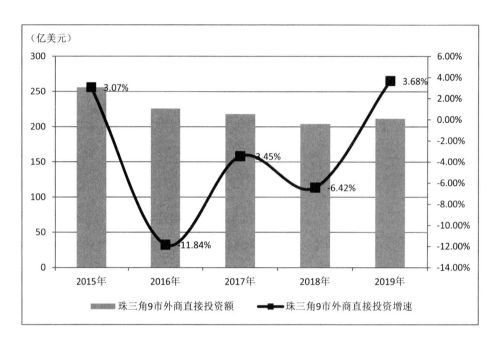

图 5-5　2015—2019 年珠三角 9 市实际利用外商直接投资额及增速

　　从对外贸易来看，粤港澳大湾区的内部城市整体对外贸易程度较高，出口占大湾区生产总值的比重远远高于全国平均水平。而美国一直是粤港澳大湾区的主要贸易对象，2018 年广东省、香港特别行政区、澳门特别行政区对美国出口总出口比例分别为 23.7%、19.1%、5.0%，这就使得 2018 年以来粤港澳大湾区受中美贸易摩擦的冲击也更大。此外，在美国加征关税清单中"机械、电气设备、电视机及音响设备"行业涉及金额比重超过清单的 40%，也是被纳入最早的 500 亿美元进口商品加征 25% 关税清单中的行业。"纺织原料及纺织剂品""杂项制品"两类行业涉及金额也明显偏高，占清单比例超过 10%。这几类产业也恰好对应的是广东省的前三大出口产业类别，这使得粤港澳大湾区的出口受到了明显的冲击。对比 2017—2019 年粤港澳大湾区各地的出口数据，大部分城市的出口额在 2018—2019 年都受到了不同程度的冲击（见图 5-6）。

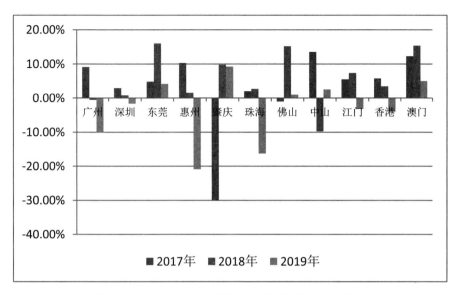

图 5-6　2017—2019 年粤港澳大湾区各城市出口增速

# 二、粤港澳大湾区产业转移的现状和特点

## （一）以制度创新促进要素高效流动，粤港澳大湾区一体化水平不断提升

　　制度规则的差异是制约粤港澳三地融合与发展的重要障碍。打破制度壁垒、实现规则对接，将"制度之异"变成"制度之利"，是粤港澳大湾区面临的重要而紧迫的课题。随着粤港澳大湾区建设不断推进，通过基础设施、金融市场、科技创新互联互通等多方面措施接连出台，促进人才、资本、信息、技术等要素全方位流动，香港、澳门和内地 9 个大湾区城市加速融合发展。2020 年 5 月，中国人民银行、银保监会、证监会、外汇局发布《关于金融支持粤港澳大湾区建设的意见》，从促进跨境贸易和投融资便利化、扩大金融业对外开放、促进金融市场和金融基础设施互联互通等方面提出 26 条具体措施。随后，广东省发布 5 个方面 80 条举措，深化内地与港澳金融合作，加大金融支持大湾区建设力度。目前，粤港澳跨境贸易和投融资便利化程度不断加深。据广东省地方金融监督管理局统计，截至 2020 年 8 月末，广东省累计与港澳地区跨境人民币结算金额

超 16 万亿元，人民币已成为粤港澳跨境收支第二大结算货币。广东全省累计办理货物贸易试点业务超 3.4 万笔，金额合计超 360 亿美元。珠三角 9 市资本项目收入支付便利化政策有序落地，有 400 余家企业顺利办理对外支付。2020 年 8 月，国家发展和改革委员会正式对粤港澳大湾区城际铁路建设规划批复。根据要求，粤港澳大湾区将在继续实施并优化原珠江三角洲地区城际轨道交通网规划基础上，进一步加大城际铁路建设力度，做好与大湾区内高铁、普速铁路、市域（郊）铁路等轨道网络的融合衔接，形成"轴带支撑、极轴放射"的多层次铁路网络，构建大湾区主要城市间 1 小时通达、主要城市至广东省内地级城市 2 小时通达、主要城市至相邻省会城市 3 小时通达的交通圈，打造"轨道上的大湾区"（见表 5-4）。

表 5-4　中央和地方粤港澳大湾区部分政策梳理

| | 发布时间 | 政策名称 | 发文单位 |
|---|---|---|---|
| 中央政府 | 2019 年 2 月 | 《粤港澳大湾区发展规划纲要》 | 中共中央　国务院 |
| | 2019 年 3 月 | 《关于粤港澳大湾区个人所得税优惠政策的通知》 | 财政部　税务总局 |
| | 2020 年 4 月 | 《关于金融支持粤港澳大湾区建设的意见》 | 中国人民银行　中国银行保险监督管理委员会　中国证券监督管理委员会　国家外汇管理局 |
| 广东省 | 2019 年 8 月 | 《广东省人民政府办公厅关于成立广东省推进粤港澳大湾区国际科技创新中心建设领导小组的通知》 | 广东省人民政府办公厅 |
| | 2021 年 2 月 | 《广东省人民政府关于印发广东省进一步推动竞争政策在粤港澳大湾区先行落地实施方案的通知》 | 广东省人民政府 |
| 广州市 | 2020 年 5 月 | 《关于印发广州南沙新区（自贸片区）鼓励支持港澳青年创新创业实施细则（试行）的通知》 | 广州南沙开发区港澳合作事务办公室　广州南沙开发区人才发展局　广州市南沙区推进粤港澳大湾区建设领导小组办公室　共青团广州市南沙区委员会 |
| 中山市 | 2019 年 9 月 | 《中山市人民政府关于印发中山市推进粤港澳大湾区国际科技创新中心建设专项行动计划的通知》 | 中山市人民政府 |
| 珠海市 | 2020 年 11 月 | 《珠海市人民政府办公室印发落实市人大常委会关于建设粤港澳大湾区优质公共法律服务体系决定实施方案的通知》 | 珠海市人民政府 |

（续表）

| | 发布时间 | 政策名称 | 发文单位 |
|---|---|---|---|
| 江门市 | 2019 年 5 月 | 《江门市打造粤港澳大湾区西翼医疗中心行动方案（2018—2020 年）》 | 江门市人民政府 |
| 肇庆市 | 2019 年 10 月 | 《肇庆市贯彻粤港澳大湾区个人所得税优惠政策实施办法的通知》 | 肇庆市财政局 肇庆市科技局 肇庆市人力资源和社会保障局 国家税务总局肇庆市税务局 |
| | 2020 年 1 月 | 《肇庆市人民政府办公室关于成立肇庆市推进粤港澳大湾区国际科技创新中心建设领导小组的通知》 | 肇庆市人民政府办公室 |

## （二）以重大项目和平台为牵引，区域发展新格局向纵深推进

近年来，广东省加快形成主体功能明显、优势互补、高质量发展的区域经济布局：珠三角核心区一体化进程明显加快，高质量发展动力源不断增强；东西两翼增长极逐步壮大，沿海经济带成为新时代广东发展主战场；北部生态发展区生态环境不断优化，生态屏障"家底"更厚更实。广东省着力加快重大产业项目建设，通过优化完善区域产业布局，高质量加快构建区域发展格局。新基建项目持续发力，5G、4K/8K、数据中心等成为撬动新经济增长的新引擎。广汽丰田新能源车产能扩建项目二期预计达产后年产值超过 500 亿元、带动上下游工业总产值超千亿元，埃克森美孚广东惠州乙烯项目、中海壳牌惠州三期乙烯项目相继签约、开工，"重型"产业发展势头强劲，重大项目带来的产业集群效应持续显现。在沿海经济带，世界级临港产业加速崛起。其中，东翼大力发展能源、石化、临港工业和新一代信息技术，提升发展电子信息、玩具、陶瓷、精细化工、纺织服装等优势产业；西翼重点发展临港钢铁、石化、装备制造、能源（新能源）、物流等产业，建设沿海重化工业产业带。在北部生态发展区，绿色低碳产业成为新主流。清远腾讯云计算数据中心正式开服，容纳服务器超过 100 万台，是腾讯华南地区最大的新基建项目；韶关华韶数据谷项目加快建设，将在 5 年内建成拥有 5 万个机柜的绿色数据中心，成为粤北力促产业生态化的生动注脚。

广州南沙、深圳前海、珠海横琴等重大合作平台加快建设，试验示范作用不断加强。《粤港澳大湾区发展规划纲要》公布两年来，新注册港资企业 1.3

万家、澳资企业 3280 家。2021 年 2 月，位于粤港澳大湾区地理中心的广州南沙集中签约了 24 个项目，总投资额约 700 亿元，达产产值/营收合计超 1400 亿元。这些项目涉及粤港澳合作及创新经济的项目共有 7 个，包括粤港澳国际创新城、香港新华集团产城融合项目、粤澳跨境工商企业信息平台、粤港澳大湾区网络数据安全中心项目等。2020 年 1—4 月，横琴新区新增澳资企业 303 家，同比增加 1.23 倍；注册资本 11.58 亿美元，同比增加 5.85 倍。截至 2020 年 4 月底，横琴新区有澳资企业 2522 家，比 2019 年年底增长 12.99%，注册资本达 139.44 亿美元。2020 年，前海实现注册企业增加值同比增长 13.0%；税收收入增长 13.4%；实际使用外资 43.05 亿美元，增长 11.7%，占深圳的 49.6%、全国的 3.0%；累计注册港资企业 1.13 万家，实际利用港资占前海实际利用外资比例达 88.3%。

---

### 专栏 5-1　前海推动深港重大合作项目签约

发布国内首个外籍人才紧缺职业清单、制定港澳青年招聘计划、打造港澳商协会集聚平台、与香港数码港签署合作备忘录……1 月 26 日，深圳市前海深港合作重大项目签约暨落户仪式在前海嘉里中心举行，前海携手港澳商协会、社团机构、知名企业、科研院所等社会各界力量，搭建粤港澳共同发展平台，以此不断推进深港现代服务业合作，便利港澳青年创新创业，为粤港澳大湾区和深圳先行示范区"双区"建设贡献力量。

**规划建设"两城六区一园一场六镇双港"**

深圳市委常委、市政府党组成员、前海深港合作区党工委书记黄敏说，前海持续保持"生机勃勃"发展态势，正紧紧依托"依托香港、服务内地、面向世界"定位，通过做平台、做能级、做功能、做价值、做影响，加快规划建设"两城六区一园一场六镇双港"。

其中，"两城"指前海深港国际服务城、前海深港国际金融城；"六区"包括前海深港国际法务区、国际高端智库集聚区，深港专业服务业集聚区、深港新型商贸物流发展集聚区、深港数字经济集聚区、深港总部经济集聚区；"一园"指前海石公园；"一场"指前海深港广场；"六镇"包括前海

---

深港专业服务业小镇、深港文创小镇、深港商贸物流小镇、深港数字经济小镇、深港总部经济小镇、港澳青年创新创业小镇；"双港"指"一带一路"贸易组合枢纽港和深港国际人才港。上述项目落地后，预计新增约600万平方米产业空间，将有效扩大深化合作发展新空间。

**每月向港澳青年提供百余个招聘岗位**

港澳青年是港澳未来发展的生力军。仪式上，前海发布了前海港澳青年招聘计划，今后将此制度常态化，通过线上线下，每月组织辖区重点企业面向港澳青年发布百余个招聘岗位。首批岗位共发动了包括顺丰、来画视频等在内的19家前海企业，提供了算法研发工程师、大数据平台开发工程师、动画设计师、新媒体推广专员等141个招聘岗位。

为加快建设前海全国人才管理改革试验区、粤港澳人才合作示范区、深港人才特区及海外高层次人才创新创业基地，落实深圳先行示范区综合改革试点首批授权事项清单，国内首个专门针对外籍人才需求、与市场紧密接轨的《前海外籍人才紧缺职业清单》（以下简称"清单"）也同时发布。

清单是前海管理局借鉴香港等城市先进经验后，与中国人事科学研究院对辖区超过1500家前海重点企业进行深入调研后形成的，分为"需求型紧缺职业"和"战略型紧缺职业"两大类，共包括风险核保师、智能工业设计专才、企业数字化管理师、供应链管理专才、跨境业务争议解决律师等50种紧缺职业，为前海下一步引导全球高层次人才向前海集聚、打造深港国际人才港打下了坚实的基础。

目前，前海已设立前海国际人才服务工作站，深圳市科创委、市公安局、市人力资源和社会保障局关于外国人及港澳台居民共243项出入境管理服务事项已纳入站，为国际人才提供全生态、集成式、国际化的一站式服务。

**打造港澳商协会及世界华商集聚平台**

为促进两地企业互动，推动港澳商协会在前海集聚，发挥其在资源配置、人员交流等方面的活力，前海管理局与香港中华总商会、香港工商总会、香港总商会、香港中华厂商联合会、香港广东社团总会、澳门中华总商会等知名商协会签署合作备忘录。

合作包括增强双方交流活动和信息共享，通过线上线下方式搭建经贸交往平台；深化优势产业互利合作，促进双方在金融、航运贸易、文创、专业服务业等领域合作；打造港商港企服务平台，共同助力香港机构与企业在前海拓展市场空间，扎根发展，在前海打造香港商会、行业协会及世界华商集聚平台。

前海管理局还与香港数码港管理有限公司签订合作备忘录，双方将为数码港推介的香港优秀企业提供在前海落地的服务和相关政策支持；组织利用自身资源，共同举办或参与数码港举办的各类科创相关活动；互相推荐优质企业，利用双方资源帮助其开拓国内和国际市场；共同建设先进、多元化和可持续发展的港深科技生态圈，为两地科创企业提供各类资源（市场商机、技术支持、投资者等）对接机会。

此外，香港中华总商会粤港澳大湾区联谊中心、粤港澳大湾区企业家联盟、新华环球青年领袖网络也在前海揭牌，推动在前海构建深港政商沟通对接、科技创新驱动、企业交流合作、青年创业扶持、公益慈善平台，打造粤港澳大湾区工商界精英社团，与前海发展形成实质性业务合作。

## （三）科技融合创新加速推进，打造国际创新高地

2019 年 2 月 18 日，发布的《粤港澳大湾区发展规划纲要》提出将粤港澳大湾区打造成为"具有全球影响力的国际科技创新中心"。政策发布两年以来，粤港澳大湾区在科技创新方面的交流合作更为密切，打通创新要素跨境便捷流动的堵点，加快释放聚力融合的磅礴力量，阔步迈向国际科技创新高地。在疫情防控期间，2019 年年底首批授牌的 10 家粤港澳联合实验室与相关医疗机构建立联动机制，将基础医学与临床实践相结合，在全球抗疫关键时刻贡献科技创新应用成果。其中，粤港澳呼吸系统传染病联合实验室与相关医疗机构建立联动机制，将基础医学与临床实践相结合，将科技成果应用到了抗疫一线。而粤港新发传染病联合实验室，则协助医疗机构，开展样本采集及检测，指导疫情防控。通过组建联合实验室这一形式，将港澳地区的国际化优势和广东省改革开放先行先试优势相结合，创新科研创新合作模式，瞄准世界科技前沿，打造出

高水平科技创新载体和平台。

广深港澳科技创新走廊正在加快形成。2020 年 8 月，深圳出台相关意见，推进深港科技创新合作区深圳园区建设，明确合作区深圳园区将坚持制度创新和科技创新双轮驱动发展，借鉴国际上最有利于科技创新的体制机制，全方位探索构建有利于科技创新的政策环境。广东省科技力量积极参与香港智慧城市建设。2019 年 8 月，广东省科学院与香港特别行政区机电工程署签署了《粤港创新及科技协作合作备忘录》，双方将在大湾区人才和技术互融方面密切合作，搭建创新与科技平台、创新交流机制，推进项目落地转化。世界知识产权组织 2020 年 12 月发布的《2020 年全球创新指数》报告显示，中国在 131 个经济体中位列第 14 名，是指数排名前 30 位中唯一的中等收入经济体。在世界前 100 科技集群排名中，深圳—香港—广州科技集群位居全球第二。此外，从国家到地方，都推出一系列的政策措施，打破创新壁垒。2019 年 3 月 17 日，财政部和国家税务总局联合印发的《关于粤港澳大湾区个人所得税优惠政策的通知》中明确，广东省、深圳市按照内地与香港个人所得税税负差额，对在大湾区工作的境外（含港澳台）高端人才和紧缺人才给予补贴。2019 年 8 月，得益于《广州进一步加快促进科技创新的政策措施》的推出，广州市通过南方海洋科学与工程省实验室向香港科技大学拨付香港分部 2019 年建设经费和港澳科研开放基金，实现了该市科研资金首次成功跨境拨付。至 2020 年 11 月，全省财政科研资金过境拨付港澳累计超亿元。

---

**专栏 5-2　建设科创强市 在穗粤港澳联合实验室达 10 家**

2021 年 2 月 20 日，广州市政府新闻发布会透露，在穗粤港澳联合实验室已达 10 家。联合实验室创新科研合作模式，不仅汇聚了初具规模的院士团队，还诞生了具有国际领先水平的科研合作成果。

这是广州共建粤港澳大湾区国际科技创新中心、强化核心引擎功能的缩影。"十四五"期间，广州将建设人类细胞谱系大科学研究设施等 4 个重大科技基础设施，引进香港科技大学（广州）等港澳创新资源，向具有全球影响力的科技创新强市迈进。

---

广东省科技厅启动建设的联合实验室工作，旨在结合国家战略及粤港澳大湾区科技创新及产业发展实际需求，发挥港澳地区的国际化优势和广东省改革开放先行先试优势，瞄准世界科技前沿，打造高水平科技创新载体和平台。

发布会上，广州市科学技术局副巡视员李江介绍，在两批授牌的 20 家联合实验室中，广州占了 10 家，其中牵头单位为高校的有 6 家，牵头单位为科研机构的有 4 家，主要分布在新材料、先进制造、生物医药、环境科技等重点领域。

这些联合实验室中，港澳参与方包括香港大学、香港科技大学、香港理工大学、香港中文大学、香港城市大学、香港浸会大学、澳门大学、澳门科技大学等 8 所高校。联合实验室建设周期均为 3 年，每家首期建设经费均为 500 万元。

"联合实验室成立以来，在广东省经济社会发展提供关键性支撑上取得了良好成效，"李江提到，特别是在疫情防控科技攻关中，在穗的多个联合实验室于病毒溯源、治疗药物、快速检测及公共支撑服务等领域，做出了积极贡献。

### 港科大（广州）：计划 2022 年 9 月投入使用

发展科技创新，人才是关键。发布会透露，广州两年来引导本地高校"走出去"，参与海内外科创合作，同时注重引进境外尖端科教资源。

广州市南沙区委常委、常务副区长谢明介绍，香港科技大学（广州）落户南沙，计划 2022 年 9 月正式投入使用。港科大霍英东研究院已成为港澳科技成果面向内地最重要的技术成果转换平台。

此外，广州也在加大对粤港澳（国际）青年创新工场支持力度，鼓励加快引入有明确产业化前景的港澳高端科研团队及项目在南沙开展产学研对接合作。这意味着，广州不仅停留于教学本身，而是寓"产"于"教"，在与大湾区院所的碰撞交流中，实现科技创新的进步。

作为本土名校，华南理工大学立足服务大湾区经济社会发展需求，瞄准人工智能、大数据、生物技术、高端装备制造、新材料、集成电路等大湾区产业转型升级所需的领域，大力推进广州国际校区建设，所布局的 10

个学院全部都是新工科。

　　"我校形成了以广州为创新源头、沿粤港澳大湾区核心城市重点布局的'五院一园一室'协同创新平台体系,完全涵盖了大湾区主要产业领域。"华南理工大学依托该校牵头组建的人工智能与数字经济广东省实验室(广州),已被列为鹏城实验室广州基地。

## （四）广深两大都市圈在产业转移与合作中的引领作用不断增强

　　目前,全国的城市格局正逐步进入都市圈竞争时代。广深"双城联动"的辐射效应,推动珠三角城市深化战略合作。广州都市圈包括广州、佛山、肇庆、清远、云浮和韶关,深圳都市圈包括深圳、东莞、惠州、河源和汕尾。"大广州""大深圳"两个4万亿元级都市圈,加上1万亿元级的珠江口西岸都市圈,跨珠三角三大都市圈呼之欲出,珠三角与环珠三角协同发展的格局进一步明确。在深圳都市圈内,深圳是国际化城市,被赋予建设中国特色社会主义先行示范区的重任;东莞是"世界工厂";惠州加快打造电子信息、石化能源新材料两大万亿产业集群,瞄准建设国内一流城市;河源、汕尾加快探索"总部在深圳、生产基地在当地"的产业协作模式。广深大湾区核心区域主引擎作用进一步凸显。2019年,前海蛇口自贸片区与广州开发区签署《改革创新协同发展示范区合作框架协议》,围绕"共同推进制度创新""加强区域协同发展""深化产业互利合作""构建全面立体开放新格局"四个板块开展合作。自合作以来,双方先后复制推广两批制度创新经验,在投资便利化、贸易便利化、金融创新和事中事后监管领域,已有32项创新政策、26项制度创新案例在广州开发区逐步落地。

### 专栏5-3　广湛、深汕组CP 推动区域协调发展

　　2021年1月26日下午,广州与湛江签署战略合作框架协议,加上不久前深圳与汕头签署深度协作框架协议,广东区域协调发展的方式引发关注。

### "双核"带动两翼齐飞

广州、湛江签约，合作内容涵盖交通设施互连，合作发展平台共建，重点产业协作，科技和金融合作，社会事业共建，公共服务共享等经济社会领域全方位，并将建立高层定期会商机制和工作对接机制，加强干部人才培养交流，以实现优势互补、合作共赢。而在半个月前，深圳与汕头已率先签署深度协作框架协议，提出为全省区域协调发展打造样板示范，并明确提出了"任务"和"时间表"。在广东区域发展格局中，广州、深圳是"双核"，汕头、湛江则是沿海经济带东西两翼省域副中心城市。

### 探索城市联动新模式

日前发布的省政府工作报告提出，广州、深圳、珠江口西岸、汕潮揭、湛茂等五大现代化都市圈要增强集聚功能，引导常住人口向中心城市、城市群和城镇有序转移，以常住人口为基准合理配置教育、医疗等公共服务资源。

这是在全省层面再次正式明确提出建设五大都市圈。2020年5月初发布的《广东省建立健全城乡融合发展体制机制和政策体系的若干措施》提出，科学制定广州、深圳、珠江口西岸、汕潮揭、湛茂都市圈发展规划，构建协同发展机制。

### 后发城市发力优势产业

随着广深"双核"和省域副中心城市的辐射带动，更多城市依托自身优势实现经济体量和发展质量的提升。

1月26日，云浮发布数据显示，2020年全市生产总值实现1002.18亿元，增长4.1%。综合全省其他城市发布的经济数据，这意味着，广东省21个地市生产总值全部突破千亿元。考虑到2020年疫情冲击的影响，广东省21个地市生产总值全部超过千亿确实不易：这不仅意味着即使是经济相对落后的城市也已经具备一定发展基础，为今后发展提供空间，更体现出这些城市不甘人后、"逆势生长"的动力。

事实上，云浮市生产总值能在2020年首次超过千亿大关，也是得益于依托当地优势、推动实体经济。已列入省重点建设项目的粤港澳大湾区"菜篮子"产品云浮配送中心项目持续推进，广东金属智造科技产业园基础设施开工，云浮在产业发展上越来越有心得。

再看汕尾，这个 2019 年持续保持全省经济增速第一的"明星城市"，不出意料，也将是广东省 2019 年全年经济增速最高的城市。究其原因，一方面，是传统农业保持较快增长，另一方面，是现代工业发展实现"起飞"：全年高技术制造业增长 10.1%，先进制造业增长 20.7%，计算机、通信和其他电子设备制造业增长 15.1%。

**产业互动：突破"前店后厂"产业分工再优化**

2021 年 1 月 29 日，广州市十五届人大六次会议决定批准《广州市国民经济和社会发展第十四个五年规划和二〇三五年远景目标纲要》（以下简称《纲要》），首度提出共建具有全球影响力的广州都市圈，着力打造空间结构清晰、交通往来顺畅、产业分工协调、要素自由流动的现代化都市圈，构筑"一核两轴三环五城"的空间格局。从最初的广佛同城，到广佛肇经济圈、广清一体化、再到如今的广州都市圈，城市间的产业联动始终是重要抓手。

近年来，广清间的产业协同性越来越强。围绕"湾区所向，广州所需，清远所能"，清远大力实施"广州总部、清远基地""广州总装、清远配套""广州研发、清远制造"合作模式，广清正共同打造具有强大竞争力的全产业链集群。

在都市圈创新城市合作模式方面，广佛同城积累了不少有益的经验。"十四五"期间，广州都市圈将开启广佛合作新一个"黄金十年"。《纲要》提出，"优化提升广佛区域产业链、供应链，构建产业协同创新生态系统，重点打造高端装备、汽车、新一代信息技术、生物医药与健康等万亿级产业集群。"广州都市圈的建设，将把广州的城市能级推向一个新的高度，都市圈内的产业分工层级将进一步增强。

**协调平衡：广州输出"软实力"合力走向共赢路**

广州都市圈内，除了硬环境的互联互通，还要有软要素的无缝对接。

广清产业园是观察区域协作、规则衔接的绝佳样本。2020 年上半年，广清产业园招商引资成效显著，实现工业总产值逆势同比增长 62.3%。如此强大的吸金能力从何而来？答案是对标广州的营商环境。

广清产业园由广州开发区派出团队运营管理，输出广州开发区的管理服务；清远市充分授权，下放规划、国土、建设、财政等 71 项市一级审批权限。《纲要》提出，"十四五"期间，广州将深化广清一体化，带动清远市融入粤港澳大湾区发展。加快共建广清经济特别合作区，建立健全合作区"三园一城"管理模式。

营商环境的对标对接，是广州都市圈实现区域协调发展的一个注脚。广州作为国家中心城市和省会城市，正推动珠三角地区与沿海经济带、北部生态发展区形成良性互动、相互促进、合作共赢的协调发展新格局。广州都市圈的建设将极大地推动这一进程。

变大树底下不长草为大树底下好乘凉。规划建设现代化都市圈，加强都市的辐射力和带动力，使周边地区得到发展，将成为"十四五"时期广州推进区域协调发展的重要任务。

## （五）与"一带一路"沿线国家产业合作不断深入

粤港澳大湾区是我国开放程度最高、经济活力最强的区域之一。《粤港澳大湾区发展规划纲要》明确指出，粤港澳大湾区要成为"'一带一路'建设的重要支撑"。以"一带一路"建设为契机，通过发挥大湾区的综合优势，形成超越"前店后厂"的新时代粤港澳合作的新模式，有利于湾区进一步深化改革、扩大开放，为探索对外开放新体制发挥示范引领作用。同时，粤港澳携手参与"一带一路"建设，通过区域双向开放，构筑丝绸之路经济带和 21 世纪海上丝绸之路对接融汇的重要支撑区，有利于提升粤港澳大湾区国际竞争力，为更高水平参与国际合作和竞争拓展新空间。粤港澳三地在"一带一路"建设中各有优势，香港是综合服务与运营管理中心，澳门是中葡经贸合作平台，广东具有产能优势。通过打造湾区一体化市场，促进湾区要素便捷流动，形成国际国内两个市场、两种资源有效对接，粤港澳三地才能够实现优势互补，共同"拼船出海"参与建设"一带一路"。

2020 年 4 月，广东省印发《广东省参与"一带一路"建设 2020 年度工作要点》，包括 22 项工作任务，从务实做好政策沟通、优化综合交通体系、深入推动国际产能合作、丰富资金融通渠道、深化多领域人文交流、健全服务保障机制六个板块，推动广东省 2020 年参与"一带一路"各项工作走深走实。在重大大经贸活动方面,广东省连续 5 年主办"广东 21 世纪海上丝绸之路国际博览会",并会同广州市贸促会精心策划、组织实施主题论坛活动,倡议成立"一带一路"港口城市商协会联盟,形成"一展一会"双轮驱动新格局。2020 年上半年,广东省与"一带一路"沿线国家和地区实现进出口 7649.2 亿元,约占全省外贸进出口总额的 25%。

---

### 专栏5-4　中欧班列疫中突围
### 深圳打造"一带一路"国际多式联运大通道

在国务院发布的《物流业中长期发展规划（2014—2020 年）》中,首项重点工程为发展多式联运。中欧班列使物流运输更通畅便捷,为沿线国家带来更多机遇。

2020 年 9 月举办的中国物流与供应链博览会期间,第五届铁水联运与跨境运输论坛举办,来自"一带一路"沿线铁路、港口、中欧班列运营商、跨境运输企业等 300 余人参会,探索数字化、后疫情时代中欧班列新机遇,进一步推动铁水联运与跨境运输产业转型升级,为全球物流行业高质量发展赋能。

目前中欧班列连通了中国 62 个城市,欧洲 15 个国家的 51 个城市,铺行路线达到 68 条,面对疫情中欧班列逆势增长,2020 年上半年中欧班列开行 5122 列,同比增长 36%,运送国际合作防疫物资 367 万件、2.7 万吨。

深圳市交通运输局物流与供应链发展处处长章新涛表示,自 2020 年 8 月 18 日以来,深圳湾区号中欧班列按照每周一列的频率发往德国杜伊斯堡,从 2020 年 10 月份开始增加到每周两列,视市场的情况继续提高开行的频次。

"深圳正加快建设'一带一路'重要枢纽,支持企业参与沿线国家港口运行,不断提升'一带一路'国际合作能级。本届论坛的举办有效地推动丝绸之路经济带跨境运输通道建设,链接'一带一路'沿线港口和铁路,为促进沿线国家与地区经济增长提供了强劲动力和广阔空间。"章新涛说。

湾区号运营方、中外运集团的范勇剑认为,智慧物流将助推中欧班列

---

数字化发展。中欧班列要加快线上线下一体化、数字化、智能化、全程可视化的转变，提升客户的体验和服务效率，包括运营系统化、产品标准化、管理精益化和服务差异化。

2020 年 7 月 1 日，中国国家铁路集团与海关总署共同推出数字口岸服务，实现中欧班列铁路与海关仓单在国内起运地和边境口岸的信息交换，口岸通关效率大幅提升。范勇剑建议，加快推动中国与沿线国家海关在中国 AEO 上的互认作用，将中欧班列主要开行城市纳入中欧"安智贸"试点。同时，尽快对国际邮件、跨境电商、冷链、带电产品等班列新业态产品建立铁路通关机制，形成高效、常态化的海关和 4 检验检疫监管制度。

中欧班列在疫情期间的"逆势突围"对国际供应链合作与发展起到了积极推动作用。"我想特别感谢中国合作伙伴在 2020 年这极其难过的一年给予我们的支持。"欧亚铁路物流股份公司总经理格罗姆·阿列克谢·尼科拉耶维奇通过视频连线现场说，疫情期间该企业集装箱班列平稳运行，货运和口岸班列工作频率稳定。"2020 年前 8 个月我们处理的集装箱接近 35 万标箱，同比增长将近 70%。"

波兰格但斯克港港务局中国区首席代表史孟平说，波兰格但斯克港正加强水铁联运基础设施建设与服务保障。"我们的很多客户来自中国的港口，从深圳盐田港到我们的港口大概需要 28～29 天，货物可以从格但斯克向南运送，不到两天就可以到达客户手上。"

中欧班列是推进粤港澳大湾区建设的黄金通道和经济走廊。2019 年，广物控股集团打造新型中欧班列平台，探索以仓促运、以贸养运、以园区养运的创新路径。该平台以中欧班列为支点，搭建中欧、中亚联运及贸易一体化的平台，主要业务包括中欧班列的运营、产业园的运营、海外仓储的运营与管理、商品贸易的运营及供应链金融，五大板块业务通过线上互联网科技平台来实现。

## （六）极点引领推动深港、珠澳强强联合

2019 年，广东省对外同时公布了《中共广东省委广东省人民政府关于贯彻

落实〈粤港澳大湾区发展规划纲要〉的实施意见》(以下简称《实施意见》)、《广东省推进粤港澳大湾区建设三年行动计划(2018—2020 年)》(以下简称《三年行动计划》)。文件提到要强调发挥香港—深圳、广州—佛山、澳门—珠海"强强联合"的引领带动作用,推动大湾区深度参与国际合作,提升整体实力和全球影响力。在深化深港合作方面,《实施意见》明确,加快打造深港合作机制创新升级版,以现代服务业、科技创新合作为重点,优化提升前海深港现代服务业合作区功能,推进深港科技创新合作区建设,共建粤港澳大湾区创新发展重要引擎。在深化珠澳合作方面上,则要协同推进特色金融、休闲旅游、高端装备制造、生物医药、文化创意等产业发展,共同推进珠海横琴新区开发建设,打造大湾区经济新增长极。

随着深圳经济总量的快速攀升和创新实力的迅速崛起,深港两地的合作早已从"前店后厂"的模式,转变为优势互补、协同发展。前海深港现代服务业合作区和深港科技创新合作区作为深港合作的两大重要战略平台发挥各自特点,深化制度创新、集聚全球创新要素,共建粤港澳大湾区核心引擎。目前,前海蛇口自贸片区已累计推出制度创新成果逾 560 项。2020 年 8 月,《深圳市人民政府关于支持深港科技创新合作区深圳园区建设国际开放创新中心的若干意见》印发,提出以制度创新+科技创新双轮驱动,打造新时期深港科技创新合作的典范平台。

珠澳经贸合作更加紧密。截至 2019 年年底,珠海实有澳门投资企业 4243 家,到位澳门资本 47.26 亿美元。2020 年上半年新增澳资企业 850 家,实际资金金额 10.31 亿美元。截至 2020 年 6 月底,横琴港澳企业数量 4323 家,其中澳资企业 2682 家,注册资本约 817.43 亿美元。目前,香港、澳门已成为珠海市对外投资的首先目的地,投资方向主要涉及商业贸易、生物制药、石油化工、电子信息等领域。截至 2019 年年底,珠海在澳门投资的项目有 45 个,协议中方投资总额 2.4 亿美元。横琴新区在高水平基础设施建设、推动与澳门产业合作、拓展与澳门社会和民生领域合作、探索与澳门规则衔接等四个方面取得突破性成就。横琴粤澳合作产业园已落地澳门项目 28 个,截至 2019 年年底,横琴注册澳资企业 2030 家,其中,从事科学研究和技术服务行业的企业超过 400家,横琴澳门青年创业谷累计孵化澳门项目 199 个,是澳门青年最活跃的创新创业基地之一。

## 专栏 5-5  珠澳科技创新合作迈上新台阶

珠海经济特区因澳门而生，横琴新区因澳门而兴。随着粤港澳大湾区国际科技创新中心、广深港澳科技创新走廊、粤澳深度合作区加快建设，珠海以科技创新驱动发展为核心，加快集聚高端科技创新资源，进一步深化珠澳科技创新合作，携手打造区域协同发展增长极。珠澳协同创新的热潮正在南海之滨涌起。面对国家政策优势交汇叠加的重大机遇，珠海在科技项目落地、科技要素流动、科技平台建设等方面频频出招打出"组合拳"，珠澳科技创新合作也正在迈上新的台阶。

**出政策 优环境：**澳门人才来珠海创新创业全面放开

2020 年开年，珠海市科创界传来一个振奋人心的消息。珠海出台《关于进一步促进科技创新的意见》《珠海市进一步促进科技创新若干政策》"双一号文"，谋划了参与大湾区国际科技创新中心建设、全面提升科技创新综合水平的"路线图"，其中明确指出要推进珠港澳创新合作。2020 年 7 月 1 日，珠海正式印发《珠海市珠港澳科技创新合作项目管理办法》，这是全国首个从地市级层面支持港澳科技创新合作的政策，推动珠港澳三地科技创新合作不断升级。

随着一项项政策的创新出台，珠澳科技创新协作的路越来越宽广，澳门人才来珠海创新创业也全面放开。从珠海市创新创业团队和高层次项目申报、孵化载体建设、新型研发机构设立、产学研合作到一系列创新创业赛事，珠海已逐渐形成完整的政策体系，进一步打破珠澳创新要素合作对接的壁垒，为青年创新创业提供充足而实惠的政策利好。

**筑平台 深合作："**澳门科创成果+珠海产业转化"模式见成效

大潮既起，势如破竹。近年来，珠海积极探索"澳门科创成果+珠海产业转化"模式，鼓励港澳高校、科研机构、国家重点实验室与珠海合作设立重大研发平台，共建产学研基地并已取得初步成效。

棋行中盘，落子有声。由政府搭台建设的大型珠澳科创合作平台硕果累累：2019 年年末，澳门大学、澳门科技大学现有的四所国家重点实验室均在横琴设立分部;珠海澳大科技研究院依托澳门大学国家重点实验室及优势学科资源,与珠海市一微半导体有限公司等珠海知名企业,联合申报并获批多个科技部国家重点研发计划项目;横琴人工智能超算中心于 2020 年年初正式投入使用,截至 2020 年 9 月 15 日,共分配并使用算力 623616 TOPS(处理器运算能力单位),其中横琴企业使用算力 275456 TOPS。

**平台建设:** 16 家孵化载体 为港澳创业者提供追梦空间

栽得梧桐树,引得凤凰来。从粤澳合作中医药科技产业园、横琴·澳门青年创业谷到粤澳跨境金融合作示范区,一个个崭新平台载体加速打造,为科技创业者拓展"强而美"的发展空间。目前,珠海已有 16 家孵化载体为港澳创业企业(团队)提供孵化服务,对接港澳地区科技创新创业资源,在这片充满希望的土地上,激情演绎着从"闯"到"创"的精彩华章。

### 粤澳合作中医药科技产业园

位于横琴的粤澳合作中医药科技产业园建设日新月异,科研总部大楼、GMP 中试生产大楼和研发检测大楼已投入运行。目前,园区累计注册企业 190 多家,其中澳门企业 44 家,涉及中医药、保健品、医疗器械、医疗服务及生物医药等领域,已获得省级粤港澳台科技企业孵化器、国家级科技企业孵化器等多项荣誉。

### 横琴·澳门青年创业谷

与澳门大学一路之隔的横琴·澳门青年创业谷于 2015 年设立,占地 13.8 万平方米,打造了"空间载体+创业生态+运营机制"的立体孵化模式。目前,创业谷已累计孵化项目 450 个,其中来自澳门的项目就有 230 多个,并获国家级众创空间、国家级科技企业孵化器等近 30 项荣誉称号。

### "港湾 1 号"科创园

"港湾 1 号"科创园内设立首期 6000 平方米的港澳科技成果转化基地,打造港澳人才"1 元创业空间",对 200 平方米以内的租赁面积每年只收取 1 元租金,单个企业享受补贴时间不超过 3 年(澳门企业不超过 5 年)。目前,园区累计引进港澳人才 80 多名,累计落户企业 43 家,其中包括 16 家澳门企业和 27 家香港企业。

# 三、粤港澳大湾区产业转移的趋势分析

## （一）区域产业一体化布局将加速推进

作为中国改革开放的先行地区，粤港澳大湾区已具备比较完整的产业体系。香港和澳门抓住了内地改革开放的历史机遇，充分发挥比较优势，加快推动以制造业为重点的产业转移和合作，不仅使珠三角成为全球知名的加工制造基地和产品出口基地，形成了服装鞋帽、玩具加工、食品饮料和石油化工等传统产业集群，而且形成了通信与电子信息、无人机与机器人、新能源汽车等创新型产业集群，使广东一跃成为内地制造业第一大省与货物出口第一大省，香港和澳门也实现了现代服务业的快速发展。2008 年国际金融危机后，粤港澳产业结构开始面临转型压力，特别是香港实体经济萎缩、产业结构进一步金融化和虚拟化，粤港之间传统产业合作的互补性有所下降。粤港澳在早期"前店后厂"式的以资源要素对接为主的合作模式后，如何在竞合中走向价值链中高端的产业合作，需要大湾区层面的整体性规划。

创新驱动是世界一流湾区经济得以形成的内生动力机制。从世界一流湾区演进历程看，依靠要素投入获得增长红利的空间越来越小，其经济增长的可持续性是通过创新驱动实现的。受逆全球化、贸易保护主义、疫情冲击等因素影响，有关国家纷纷加大吸引海外制造业回归力度，全球可能出现产业链、供应链区域化、本土化的趋势。大湾区很多制造企业，不仅面临生产要素成本持续上升压力，还要面对以东南亚代工企业的挑战，以及发达国家制造业回流带来的冲击。为有效防范全球产业链、供应链断裂重构、传统外贸产业面临竞争和被替代等潜在风险，急需面向国内市场、畅通产业循环，加速形成区域产业一体化布局。

随着大湾区产业合作的推进，香港创新网络中创业成本高、企业资源稀少、制造环节缺失和市场空间不足等问题，将通过两地创业空间和资源共享、产业链上下游企业合作、开拓更广阔腹地而逐渐消解。香港、澳门的金融、文化旅游、航运物流等优势产业深度融入大湾区的产业循环有助于广东服务业的转型升级。广东省的科技创新能力和战略纵深正是港澳所欠缺的，将为大湾区提供大部分的市场和本土人才。粤港澳大湾区是我国制造业门类最全、产业链最丰富、市场化最活跃的城市群，完全可以凭借传统产业集群和创新型产业集群，从整体上科学规划区域经济，引导重点产业集聚，形成相应的产业集群，实现全产业链布局，使大湾区成为比较优势和竞争优势兼备的区域经济体。

## （二）区域要素市场一体化将加速形成

粤港澳大湾区代表了中国南部人才集聚最为密集、产业门类较为齐全、国际化程度较高的地区，客观上要求资本、技术、人才等各种要素实现跨省份、跨地区自由流动。自粤港澳大湾区发展规划提出以来，中央推出多项推进创新要素自由流动的支持政策，启动实施出入境便利措施、打通中央财政和广东省财政科研资金过境港澳渠道、简化科研用品的跨境使用、进出口手续，大湾区创新要素高效便捷流动取得明显成效。"十四五"时期还需进一步畅通市场循环，加速形成区域要素市场一体化。

完善创新要素跨境便捷高效流动的市场机制。在人员方面，加强内地与香港、澳门口岸部门的协作，在大湾区广东省辖九市试点签发往来港澳的人才签注，对大湾区内地居民赴港澳从事商贸活动、科研或者教学活动应简化审批程序和手续，给予一年或工作期间多次往返签证，探索扩大粤港澳职业资格互认的范围；在物流方面，对科研设备的进出境予以通关便利，实现粤港澳科研设备的共享共用，提高港澳与内地之间物流通关效率，探索建立统一的湾区物流技术标准、检验检疫标准，利用信息技术实现内地与港澳海关"信息互换、监管互认、执法互助"，争取内地与港澳所有口岸实现物流无缝对接、24小时通关；在资金流方面，在金融风险可控的前提下，稳步推动金融市场的互联互通，探索本外币合一账户管理，扩大跨境资产转让业务试点；推动科研资金跨境使用便利化，探索大湾区内科创资金自由结算，适当放宽大湾区资金从内地到港澳和港澳到内地的双向互动，加强三地间的银行、证券、保险业的合作，实现三种货币的快速转换，推动人民币国际化进程。

三地共建科研基础数据中心，打造世界级"数字湾区"。打通粤港澳电子商务、互联网金融、网络教育、远程医疗、在线娱乐等数字经济产业链、支付链和数据链，促进粤港澳科技和市场供求信息共享，推动大湾区大数据中心和大湾区大型科学仪器设施资源共享平台建设。数字经济是人类在科技发展，尤其是在信息技术最新发展的基础上，通过将新一代信息技术与经济活动相融合所形成的人类有史以来最新的经济形态。充分发挥深圳数字经济规模大、技术领先的优势，与香港完善的数字资产交易法律及金融制度优势相结合，双方联手打造深港数字化经济核心区，把握数字产业价值链高端和核心环节，推进数字化技术在产业发展、城市治理、民生领域的深度应用融合。整合工业大数据、产业大数据、城市大数据、政府大数据等数据资源，将粤港澳大湾区建设成为全球数字经济发展的领跑者。

## （三）高水平的对外开放新高地将加快建设

目前，粤港澳大湾区已形成世界一流城市群雏形。随着粤港澳大湾区生产要素流动效率加快，产业升级加速、科技创新能力加强、金融开放程度加深，粤港澳大湾区对外开放程度将进一步提高，在世界经济发展中发挥的作用会越来越大。广东省"十四五"规划建议稿提出，"十四五"时期，要发挥湾区市场优势吸引全球资源要素，推动内需和外需、进口和出口、引进外资和对外投资协调发展。要围绕制度建设，发挥"双区"建设重大平台作用，在要素市场化配置、创新链产业链融合发展、激发市场主体活力、优化营商环境、民生服务供给体制、生态环境和城市空间统筹等方面，实施一批战略战役性改革和创造型、引领型改革，不断深化供给侧结构性改革，推动改革举措系统集成、协同高效。全面激发基层改革创新活力，高标准推进广州、深圳、佛山、东莞等改革创新实验区建设，加快改革创新经验平行分享和复制推广，提高改革综合效能。

"十四五"建设更高水平开放型经济新体制，加快规则、标准等制度型开放，大力推进投资贸易自由化便利化。制定实施广东自贸试验区 4.0 版方案，积极推动扩区，打造高水平对外开放门户枢纽。推动深圳、珠海、汕头经济特区在更高起点上深化改革开放，加大内外贸、投融资、财政税务、金融创新、出入境等改革力度，率先建设更高水平开放型经济新体制。

（本章由宋晓晶负责编写）

# 第六章
## 黄河流域产业转移的现状与趋势

　　黄河是中华民族的母亲河，哺育了灿烂辉煌的华夏文明。黄河流域是我国重要的生态屏障和重要的经济地带，黄河流域生态保护和高质量发展，同京津冀协同发展、长江经济带发展、粤港澳大湾区建设、长三角一体化发展一样，是重大国家区域发展战略。九曲黄河流经了青海省、四川省、甘肃省、宁夏回族自治区、内蒙古自治区、陕西省、山西省、河南省和山东省共计九个省和自治区（以下简称黄河流域九省区）。

## 一、黄河流域产业发展总体情况

　　黄河流域九省区经济发展稳定，经济增长速度低于东部和中部地区。黄河流域尤其是中上游地区受整体发展水平不高、生态保护和修复任务艰巨、水资源保障形势严峻等多重因素影响，与下游地区发展差距较大。黄河流域产业结构仍偏重于第二产业，第三产业发展滞后。近些年黄河流域九省区都在大力推进行业升级发展，企业研发投入持续增加，区域创新能力得到增强。黄河流各省区也紧抓国家"一带一路"倡议，地区进出口总额稳步增长。随着黄河流域多数贫困地区脱贫摘帽，地区经济活力不断增加，区域内人民收入不断提升，黄河流域内需市场正在逐步壮大。

## （一）经济增长放缓，地区间发展差距较大

自 2008 年金融危机后，黄河流域九省区经济增长速度明显放缓，九省区经济总量占全国的比重持续降低，2019 年黄河流域九省区地区生产总值合计达到 247407.66 亿元，占全国比重 25.11%，比 2015 年占全国比重下降了 1.29 个百分点。2015—2019 年黄河流域九省区地区生产总值占全国比重如图 6-1 所示。

图 6-1　2015—2019 年黄河流域九省区地区生产总值与占全国比重

黄河流域九省区地区间发展差距较大，黄河流域下游地区在地理位置上靠近东部沿海，经济体系的现代化程度高，经济发展质量较高；黄河流域中游地区为主要的农耕区并且拥有丰富的能源资源，经济体系的现代化程度虽不及黄河流域上游地区但优于下游，经济发展质量居中；黄河流域上游地区是我国主要的农牧区，在经济发展过程中存在体制资源配置不均衡的问题，且上游地区作为重要的"生态屏障区"，经济发展受到一定程度的制约。从 2019 年全国各省区市地区生产总值排序来看，2019 年全国各省区市地区生产总值收入低于 1

万亿元的省区有 5 个，其中黄河流域就有 3 个，分别为甘肃省、宁夏回族自治区和青海省，这三个省区 2019 年的地区生产总值依次为 8718.30 亿元，3748.48 亿元和 2965.95 亿元，在全国排序依次为第 27 位、第 29 位和第 30 位。黄河流域经济最发达的山东省 2019 年地区生产总值为 70000 亿元以上，在全国各地区生产总值的排序中排在第 3 位，但与前两位差距显著，相差约 30000 亿元左右。河南省和四川省近几年发展速度很快，地区生产总值均在 50000 亿元上下，2019 年在全国各地区生产总值的排序中分别排在了第 5 位和第 6 位。陕西省地区生产总值为 25793.17 亿元，排在第 14 位。内蒙古自治区和山西省排位靠后，略高于 17000 亿元，分别排在第 20 位和第 21 位。从全国各地人均地区生产总值排序看，黄河流域九省区均排在了中后部的位置。2019 年黄河流域九省区地区生产总值和人均地区生产总值全国排序情况如表 6-1 所示。

表 6-1　2019 年黄河流域九省区地区生产总值和人均地区生产总值全国排序情况

| 地　　区 | 2019 年地区生产总值（亿元） | 全国排序 | 地　　区 | 2019 年人均地区生产总值（亿元） | 全国排序 |
|---|---|---|---|---|---|
| 山东省 | 71067.53 | 3 | 山东省 | 70653 | 10 |
| 河南省 | 54259.20 | 5 | 内蒙古自治区 | 67852 | 11 |
| 四川省 | 46615.82 | 6 | 陕西省 | 66649 | 12 |
| 陕西省 | 25793.17 | 14 | 河南省 | 56388 | 17 |
| 内蒙古自治区 | 17212.53 | 20 | 四川省 | 55774 | 18 |
| 山西省 | 17026.68 | 21 | 宁夏回族自治区 | 54217 | 20 |
| 甘肃省 | 8718.30 | 27 | 青海省 | 48981 | 22 |
| 宁夏回族自治区 | 3748.48 | 29 | 山西省 | 45724 | 27 |
| 青海省 | 2965.95 | 30 | 甘肃省 | 32995 | 31 |

## （二）第二产业比重较高，工业增加值比重全国处于下降态势

黄河流域是我国重要的经济地带。黄河流域九省区第一产业和第二产业比重均略高于全国平均水平。黄淮海平原、汾渭平原、河套灌区是我国农产品

的主产区。数据显示，2019 年除山西省外，黄河流域其他八省区第一产业比重均超过全国平均。第一产业全国平均为 7.15%，其中甘肃省、青海省、四川省、内蒙古自治区第一产业比重均超过 10%。得益于丰富的煤炭、石油、有色金属等能矿资源条件，黄河流域第二产业曾一度迅速发展，成为拉动经济增长的主要力量，2019 年第二产业全国平均为 39.12%，黄河流域中陕西省、山西省、河南省和宁夏回族自治区第二产业比重均超过 40%，山东省、内蒙古自治区和青海省的第二产业比重也略高于全国平均。2019 年黄河流域各省市三产比重情况如图 6-2 所示。

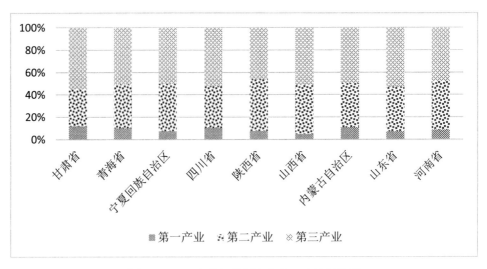

图 6-2　2019 年黄河流域各省市三产比重情况

　　黄河流域九省区工业增加值比重全国在逐步下降，2019 年黄河流域九省区工业增加值为 80864.8 亿元，占全国比重为 25.57%，比 2015 年下降了约 2 个百分点。从 2019 年九省区各自的工业增加值情况看，山东省作为传统经济大省，地区工业增加值为 22985.13 亿元，排在第 3 位，比高居榜首的广东省低了约 16413 亿元。河南省地区工业增加值为 18413.21 亿元，排在第 5 位。四川省地区工业增加值为 13365.66 亿元，排在了第 8 位。陕西省地区工业增加值为约 9609.70 亿元，排在第 13 位。山西省和内蒙古自治区排位靠后，地区工业增加值分别约为 6569.51 亿元、5514.34 亿元，排位依次为第 17 位和第 18 位。甘肃省、宁夏回族自治区、青海省则排在了尾端，分别为第 27 位、第 28 位和第 29 位。2015—2019 年黄河流域九省区工业增加值与占全国比重如图 6-3 所示。

2019 年黄河流域各省区地区工业增加值全国排序情况如表 6-2 所示。

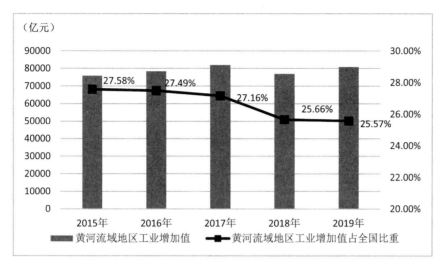

图 6-3　2015—2019 年黄河流域九省区工业增加值与占全国比重

表 6-2　2019 年黄河流域各省区地区工业增加值全国排序情况

|  | 2019 年地区工业增加值（亿元） | 全国排序 |
|---|---|---|
| 山东省 | 22985.13 | 3 |
| 河南省 | 18413.21 | 5 |
| 四川省 | 13365.66 | 8 |
| 陕西省 | 9609.70 | 13 |
| 山西省 | 6569.51 | 17 |
| 内蒙古自治区 | 5514.34 | 18 |
| 甘肃省 | 2319.75 | 27 |
| 宁夏回族自治区 | 1270.02 | 28 |
| 青海省 | 817.49 | 29 |

## （三）进出口稳步增长，内需市场不断增长

黄河流域九省区积极扩大对外开放，主动融入"一带一路"。黄河流域九省区经营单位所在地进出口总额从 2015 年的 4371 亿美元增长至 2019 年 5754 亿美元，占全国比重也在逐步增加，进出口总额占全国比重从 2015 年的 11.06%

增加至 12.57%，增加了 1.51 个百分点。例如山东省"十三五"时期，累计新设外商投资企业 10270 家，较"十二五"时期净增 3653 家，年均增长 15.2%；累计实际使用外资金额 675.6 亿美元，是"十二五"时期的 1.9 倍，年均增长约 15%。青海省加快格尔木国际陆港建设，拓展外贸转型升级示范基地，宁夏回族自治区获批建设中国（银川）跨境电子商务综合试验区，甘肃省连续多年举办兰洽会和药博会等，使用外资连续多年保持增长。2015—2019 年黄河流域九省区进出口总额与占全国比重如图 6-4 所示。

图 6-4　2015—2019 年黄河流域九省区进出口总额与占全国比重

　　黄河流域内需市场不断壮大，人员工资不断增长，居民可支配收入不断增多，带动消费能力不断增加。数据显示，黄河流域九省区城镇单位就业人员平均工资从 2015 年的 55548 元增长至 2019 年的 78782 元，增幅达到 41.82%。城镇居民人均可支配收入从 2015 年的 26682 元增长至 2019 年的 35894 元，增幅达到 34.52%。社会消费品零售总额从 2015 年的 80487 亿元增长至 2019 年的 102413 亿元，增幅达到 27.24%。2015—2019 年黄河流域九省区城镇单位就业人员平均工资与居民人均可支配收入如图 6-5 所示。

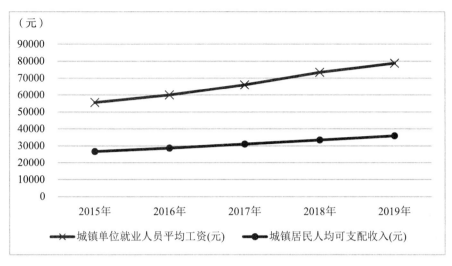

图 6-5　2015—2019 年黄河流域九省区城镇单位就业人员平均工资与居民人均可支配收入

## （四）企业研发投入持续增加，区域创新能力不断增强

近年来，全国各地都在大力实施创新驱动战略，黄河流域九省区也都加大研发投入，持续科技攻关，搭建科技创新平台，加大科技型企业培育。2019年黄河流域九省区规模以上工业企业 R&D 经费 2806 亿元。规模以上工业企业申请专利数增长较多，从 2015 年的 98358 件增加到 2019 年 148842 件，增长约 51.33%。持续增加的研发投入带来了企业创新能力的提升，促进了产业的转型与升级。山东省连续三年新增高新技术企业 2500 家以上，截至 2020年年底总数超过 1.4 万家。四川省 2020 年实施 10 个重大科技专项和 106 项科技成果转化示范项目，新增高新技术企业 2000 多家。2020 年，陕西省百强企业累计投入研发资金同比增长 19.6%，研发强度较上年度提升 0.18 个百分点。创新驱动成为全省制造企业转型升级的主动能、效益增长的主引擎。2020 年，陕西省战略性新兴产业增加值增长 5.8%。宁夏回族自治区近年来大力推动创新，自治区综合科技创新水平指数由全国第 22 位上升到第 18 位。2020 年年底宁夏回族自治区政府发布了《关于加快发展高新技术企业的若干措施》，提出力争到 2025 年全区高新技术企业总量在 500 家以上。甘肃省"十三五"时期专利申请量从 5.11 万件增加到 13.25 万件，高新技术企业由 319 户增加到1229 户，科技进步对经济增长贡献率达到 55.1%，兰州步入国家创新型城市行

列。2015—2019 年黄河流域九省区规模以上工业企业研发费用投入和申请专利情况如表 6-3 所示。

表6-3　2015—2019 年黄河流域九省区规模以上工业企业 R&D 经费投入和申请专利情况

| 地　　区 | 2015 年 | 2016 年 | 2017 年 | 2018 年 | 2019 年 |
|---|---|---|---|---|---|
| 黄河流域规模以上工业企业 R&D 经费（亿元） | 2352 | 2575 | 2838 | 2832 | 2806 |
| 黄河流域规模以上工业企业申请专利数（件） | 98358 | 104930 | 128170 | 140588 | 148842 |

# 二、黄河流域产业转移的现状和特点

黄河流域产业基础较好的山东省、四川省、陕西省、河南省吸引国内外产业转移，山东省和四川省仍有不少世界 500 强企业落户。中上游地区山西省、内蒙古自治区、青海省和甘肃省等矿产资源、能源资源丰富的省区，利用产业转移与合作推动稀土、石墨等传统资源型产业向战略性新兴产业升级发展，推动能源产业向清洁能源、绿色能源发展。中上游内蒙古自治区、青海省和甘肃省等草原资源丰富的地区则大量承接产业转移，建设全产业链，打造特色优势产业集群，促进当地食品产业、畜牧业等产业发展。山东省作为农业大省加快推进食品产业基础高级化、产业链现代化，推动食品产业升级发展，保障我国粮食安全。

## （一）产业基础较好的省份大力吸引国内外产业转移

黄河流域的山东省、四川省、陕西省、河南省等省份，充分发挥自身经济基础较好、科研能力较强、人力资源丰富、交通运输便利等方面的优势，针对地区行业发展需求，在重点经济开发区和产业园区等产业集聚区，或完善现代产业体系，或瞄准新兴产业，集中力量吸引重大项目，推动地区产业高质量发展。山东省济南、青岛、烟台三市产业用地"寸土寸金"，为引进世界 500 强及行业领军企业、产业链引擎性项目，山东省在三市设立济青烟国际招商产业园，5 年内推出 104.3 平方千米的优质产业净地。2020 年，济青烟国际招商产业园新落地世界 500 强企业项目 11 个，行业领军企业及产业链引擎项目 37 个。四川省 2020 年在川落户世界 500 强企业新增 12 户，累计达 364 户，引进到位国内省外资金超过 1 万亿元。陕西省西咸新区 2020 年围绕打造先进制造、临空经济、电子信息、科技研发、文化旅游、总部经济等六大千亿级主导产业，引进 100 亿元以上项目 6 个、10 亿元以上项目 57 个，引入世界 500 强企业 28 家、中国 500 强企业 38 家，招引内资 1412.73 亿元。地处河南省会城市的郑州经济技术开发区 2020 年谋划实施项目 515 个，总投资 2788 亿元，上汽发动机、富泰华 5G 等 191 个项目开工建设，海尔热水器、上汽乘用车二期等 111 个项目竣工投产投用，为郑州市经济高质量发展注入强劲动能。

---

**专栏 6-1　2020 年山东省使用外资同比增长 21.6%，居全国第 4 位**

2020 年，山东省新设外商投资企业 3060 家，同比增长 21.6%；实际使用外资 176.5 亿美元，居全国第 4 位，同比增长 20.1%，增幅高于全国 15.6 个百分点，在利用外资前六位省市中居首；实际使用外资占全国比重 12.2%，较上年提升 1.6 个百分点。

从一、二、三产业看，2020 年山东省制造业实际使用外资规模增长较快。全年共新设制造业外资企业 568 家，同比增长 7.8%，实际使用外资 37.8 亿美元，同比增长 11%。其中，医药制造业实际使用外资 4.5 亿美元，增长 140%；汽车制造业、计算机通信电子设备制造业、非金属矿物制品业、金属制品业分别增长 90.5%、27.7%、147.2% 和 64.8%。

服务业实际使用外资质量不断提升。1—12 月，山东省新设服务业外资企业 2313 家，同比增长 24.2%，实际使用外资 124.4 亿美元，同比增长 26.1%。其中，科技成果转化、信息服务、专业技术服务、研发与设计服务等现代服务业分别增长 146.7%、91.7%、225% 和 17.6%。

从主要外资来源地看，2020 年山东省主要外资来源地投资稳步发展。其中，韩国、日本对山东省投资增长显著，分别增长 136.4%、115.7%。

法国电力、瑞士 ABB、新加坡丰益国际等世界 500 强跨国公司在山东省新设企业。

## （二）产业合作促进资源型产业向新兴产业升级发展

黄河流域蕴藏丰富的矿产资源，是我国重要的原材料基地。近年来黄河流域各省区发挥自身矿产资源特色优势，根据自身行业发展基础和特点，大力引进国内的行业领军企业，与行业专业院所开展合作，发展新兴产业。例如内蒙古自治区，延长稀土产业链，稀土原材料就地转化率达到 70%，同时积极开发出稀土永磁、储氢、抛光等新材料，且这些新材料产值位居全国前列；"十四五"时期，内蒙古自治区还将推进建设稀土稀有金属材料产业集群，提高白云鄂博矿产资源综合高效利用，注重稀土全产业链的塑造。又如甘肃省，2020年 12 月甘肃省兰州市人民政府和中国宝武钢铁集团有限公司签订战略合作框架协议，举行了宝方炭材 10 万吨超高功率石墨电极项目投产活动。该项目于2018 年 8 月破土动工，由中国宝武钢铁集团旗下宝武炭材和辽宁方大集团旗下方大炭素共同出资筹建，项目总投资 27 亿元，占地面积 1072 多亩，产品定位为大规格超高功率石墨电极生产和销售，年设计产能达到 10 万吨。再如青海省，2020 年 12 月中复神鹰公司年产 2 万吨高性能碳纤维及配套原丝项目首条生产线一次性试产成功，万吨项目建设正式跨入新阶段。此项目开工投产后，在大幅提升国产碳纤维市场份额的同时，也将极大促进国内下游复合材料产业的繁荣发展，在我国碳纤维发展史上具有划时代的里程碑意义。

### 专栏6-2 内蒙古自治区包头市稀土高新区全力
### 推动稀土产业高质量发展

作为全国 56 个国家级高新区中唯一以稀土资源冠名的国家级高新区，包头市稀土高新区按照"打好稀土特色牌，做好'稀土+'文章，稳存量、提质量、抓增量"的要求，努力在"磁材延链、合金突破、镧铈转化、科技创新"四个方面取得新突破，着力打造千亿级的稀土磁性材料、稀土合金材料产业集群和百亿级的镧铈综合利用产业集群,全力推动稀土产业高质量发展。

2020 年,包头市稀土高新区的稀土产业以打造中国"磁谷"为重点,推动航天恒达、哈工大机器人研究所包头创新中心等项目落地,加速形成永磁电机产业集群。加快推动新雨新材料、中科世纪着色剂等新购地项目的建设投产,开展钕铁硼废料回收再利用,提高稀土综合利用水平。

2020 年,包头稀土高新区加强稀土产业创新能力建设,推动中科院稀土研发中心实施中试项目 25 个、产业化项目 12 个,上海交大包头材料研究院实施中试项目 17 个、产业化项目 9 个。实施创新平台阶梯式培育计划及高新技术产业三年培育计划;升级企业研发中心 10 家,认定重点实验室 1 家,培育国家级高新技术企业 30 家、科技"小巨人"企业 5 家。建设科技创新企业数据库,优选 30 家企业开展企业家创新陪跑计划,柔性引进高端创新人才 10 人以上。建立知识产权运营平台,实现企业知识产权质押融资 6000 万元以上,新增专利授权 600 件以上。积极承办科技部"科技成果直通车"活动,推动院企开展产学研合作项目 10 项,引进孵化科技企业 5 家,开展中试、产业化项目 5 个,转化科技成果 30 项以上,实现技术交易额 1 亿元。

## (三) 转移合作促进能源产业绿色清洁循环化发展

黄河流域是我国重要的能源基地。截至 2020 年年底,山西省发电装机容量突破 1 亿千瓦,新能源发电装机容量比重超过 30%,较 2015 年年末提升 20.39 个百分点。2020 年"晋电外送"年度电量突破千亿千瓦时大关,达 1053.6 亿千瓦时。内蒙古自治区 2020 年新开工煤电装机 838 万千瓦,锡林郭勒 700 万千瓦风电项目建成并网,全国最大"源网荷储"示范项目落地乌兰察布,通辽"火风光储制研"一体化示范项目开工建设。

黄河流域能源产业正主动向绿色化、清洁化、生态化、循环化方向转型发展。各省区都在推进新能源需求侧改革,推动能源消费革命。内蒙古自治区 2020 年可再生能源电力装机占全区总装机 36%,新能源消费比例达到 17%。2021 年计划新增新能源装机 1000 万千瓦,计划发展氢能经济,建设鄂尔多斯市、乌海市燃料电池汽车示范城市。青海省海南州和海西州的两个可再生能源基地已经双双跃上千万千瓦级台阶，目前青豫直流工程启动送电，清洁能源装机比重超过九成、全国领先。青海省正着力推进国家清洁能源示范省建设，重启玛尔挡水电站建设，改扩建拉西瓦、李家峡水电站，启动黄河梯级电站大型储能项目可行性研究。同时还深入开展战略性资源绿色勘探，深化干热岩、地热等清洁能源开发利用研究。甘肃省早已获批建设国家新能源综合示范区，正在加快陇东能源基地煤电化一体开发。

### 专栏 6-3　山西省能源革命综合改革试点扎实推进

2020 年，山西省能源革命综合改革试点亮点频闪，交出耀眼"成绩单"。全国首个煤矿井下 5G 网络建成，全国第一个智能煤矿建设地方标准制定，一批智能化煤矿、绿色开采试点加快推进，煤炭智能绿色安全开采和清洁高效深度利用水平稳步提高，山西省煤矿先进产能比重达 68%。能源结构不断优化，可持续发展能力不断增强，新能源和可再生能源装机比重达 31%。全省扎实开展能源领域科技创新，1600 多个能源企业实现了技术创新全覆盖。

**创新体制机制，能源供给体系质量持续优化**

煤矿智能化是煤炭工业高质量发展的核心技术支撑，山西省积极推动煤矿智能化建设，制定全国第一个智能煤矿建设地方标准，确定 10 座智能化煤矿和 50 个智能化综采工作面试点，智能化掘进工作面取得"零"的突破。

晋能控股集团铺设的光伏太阳能板在阳光的照耀下熠熠发光、格外显眼；朔州牛家岭二期 50 兆瓦、寿阳羊头崖 50 兆瓦等 5 个风电项目，目前均已并网发电，为风电产业发展再添动力；全国最大瓦斯发电企业——金驹煤电化公司连续 12 年发电量保持全国第一，领跑全国瓦斯发电行业。在晋能控股集团的电力版图里，太阳能、风力、瓦斯等清洁能源都已占据重要位置。

山西省加快光伏、风电等清洁能源和新能源的发展，推动能源供给由单一向多元、由黑色向绿色转变。截至 2020 年年底，山西省发电装机容量突破 1 亿千瓦，新能源发电装机容量比重超过 30%，较 2015 年年末提升 20.39 个百分点。"十三五"期间全省非化石能源发展明显加快，风电装机年均增长 24.16%、光伏装机年均增长 63.21%。2020 年年底风电装机 1974 万千瓦，光伏装机 1309 万千瓦，全省光伏领跑基地装机规模达到 400 万千瓦，居全国第一。

**深化交流合作，能源科技创新驱动持续加快**

2021 年 2 月 9 日，山西省与华为公司共建的智能矿山创新实验室揭牌及签约仪式在太原举行。山西省以矿山智能化建设为切入点和突破口，推进山西省工业数字化转型、智能化升级，为矿山智能化发展贡献"山西省智慧"、提供"山西省方案"。

## （四）食品产业和畜牧业等民生保障产业成为产业承接的新热点

黄河流域是中国传统农区，现阶段具有庞大的种植业与农区畜牧业，农业商品化生产规模日渐扩大。在国家粮食安全、优质农畜产品供应与出口生产方面具有重要的保障作用。黄河流域部分地区也是我国扶贫工作的重点地区，是未来我国乡村振兴发展的重要区域。黄河流域各省区以草场资源、畜牧资源和生物医药等高原特色资源为重点开发对象，通过开展"千企兴千村"，打造特色优势产业集群等，大量承接产业转移，促进当地食品产业、畜牧业、生物医药产业等的发展。

2020 年，甘肃省对东西部扶贫协作进行重点部署，组织开展"千企兴千村"行动，推进省市携手、区县对接、乡村结对、民营企业和社会组织进村帮扶。围绕企业落地、投资到位、产销对接、带动脱贫 4 个关键环节，甘肃省谋划提出 286 个产业合作项目、130 个重点产业目录，设立 2000 万元产业帮扶专项资金，梳理汇总 60 条支持政策。按照"精准+规模""片区+园区"的思路，累计兴办产业园 38 个，入驻企业 85 家；会同东部部分省市举办"津企陇上行"等对接活动，促成永靖县黄河三峡文旅开发项目、青岛利和陇南生物萃取项目、天津天士力集团药材加工项目等一批大型协作项目落地。全年引进企业 237 家，投资 23.66 亿元，带动贫困人口 19.53 万人，分别比上年增加 18%、53%、42%。

内蒙古自治区和青海省的草原经济是它们的特色。内蒙古自治区实施奶业振兴三年行动，规划建设黄河流域、嫩江流域、西辽河流域和呼伦贝尔、锡林郭勒草原五大奶源基地，实施种养加一体化，建设内蒙古大学草原家畜种质创新繁育基地。奶牛存栏 129.3 万头，牛奶产量 611.5 万吨，分别增长 5.6% 和 5.9%。青海省早在 2012 年就提出打造"世界牦牛之都、中国藏羊之府"的战略，加快牦牛精深加工、科技研发、标准化冷链物流、牦牛规范化生产基地建设，以及牦牛产品物流交易中心建设、特色产业和创新创业孵化园区建设，带动了 14 家企业（农牧业产业化联合体）、80 余家农牧民专业合作社、1 家省级产业园和 2 家科研院所参与牦牛集群建设。青海省牦牛和藏羊主导产业，已经形成了"园区＋龙头企业＋合作社＋牧户"的产业化经营模式，第一、二、三产业得到深度融合。农业农村部、财政部公布的首批批准建设的全国 50 个优势特色产业集群建设名单，青海牦牛产业集群位列其中。

山东省作为粮食生产大省，明确提出要在"十四五"期间培育 20 个省级以上的特色优势食品产业集群，推进食品产业基础高级化和产业链现代化，将食品全产业链协同发展、创新驱动发展、产业结构优化升级列为重点任务。

---

**专栏6-4　"十四五"期末山东省将培育 20 个省级**
**以上特色优势食品产业集群**

山东省政府办公厅发布的《关于加快食品产业高质量发展若干措施的通知》提出，"十四五"期间山东省将加快推进食品产业基础高级化、产业链现代化，围绕海洋食品、畜禽肉制品、食用植物油、酒类、淀粉加工及淀粉功能糖、果蔬加工、休闲食品、保健功能食品等食品加工行业强化发展研究和政策扶持，到"十四五"末培育 20 个省级以上特色优势食品产业集群。

围绕食品产业高质量发展，山东省将实施全产业链协同发展、创新驱动发展、产业结构优化升级三项重点任务。从源头提升做起，重点培植 30 家"育繁推"一体化动植物种子企业，保证育种土地供应，支持一批农作物和畜禽良种优育重点项目。为提高粮油、肉蛋奶、果蔬、水产品的精深加工比重，加快新型非热加工、新型杀菌、高效分离、节能干燥、清洁生产等技术升级，到"十四五"末，食品产业精深加工综合转化率达到75%以上。

这个过程中，山东省将鼓励食品企业引进转化智能装备、绿色包装、立体仓储、线上检测仪器等先进装备和质检技术，竣工投产的食品产业重大装备应用、技改项目等，符合条件的按一年期贷款利率的 35%给予财政贴息。

山东省还将实施"三个一百"工程，选择 100 家食品企业开展运行监测分析；筛选 100 个食品产业精深加工创新、技改和新基建项目，优先列入省重大项目名单或股权投资试点项目名单；推广 100 项数字化转型的标杆项目。

山东省计划编制推出山东特色优质食品目录，实行动态管理，用五年时间培育全国知名品牌 20 个以上；"十四五"期间，每年以省委、省政府名义通报表扬 100 个在食品产业高质量发展工作方面表现突出的集体和个人。

## （五）全方位促进既有产业转型升级发展

黄河流域各省区正采取多种方式促进既有产业转型升级发展，或在产业链上发力，或实施产业基础再造工程，或大力实施智能化、绿色化改造升级，或通过技术改造推动传统产业升级发展。

山东省通过制造业技改投资帮助产业转型升级发展。"十三五"时期，山东省制造业技改投资年均增长 2.7%，2020 年技改投资占制造业投资的比重达到 69.2%，化学纤维、钢铁、计算机等行业技改投资年均增速超过 15%。高耗能行业投资两极化发展。一方面，焦化、电解铝、水泥等行业加速去产能，另一方面，新上了一批高端化工、新材料项目，如裕龙岛炼化一体化项目、日照—临沂精品钢基地等。

河南省大力开展智能制造。"十三五"时期，河南先进制造业强省建设步伐全面加快，在需求带动和政策支持下，一批关键核心技术实现突破，全省上下初步形成了智能制造加快发展的良好局面。如许昌远东传动轴股份有限公司智能生产车间，郑州海尔新能源科技有限公司5G+工业互联网智能工厂，一拖集团智能农机生产线等。

山西省和甘肃省注重产业链构建，在"建链、延链、补链、强链"上发力。在山西省运城市，正威新材料产业园和中条山集团、北方铜业等企业共同形成从铜矿的采选、初铜的冶炼，到铜的精深加工，乃至 5G 新材料全产业链的发展模式。甘肃省白银市与东方钛业公司合作打造"硫—磷—铁—钛—锂"耦合循环全产业链，将建成全球单体规模最大钛白粉生产基地。

青海省鼓励电解铝、钢铁、铁合金等耗能行业企业采用新技术、新工艺、新装备，提高能源利用效率，推动传统产业高端化、智能化、绿色化发展。甘肃省也以石油化工、有色冶金、装备制造、能源电力等为重点，加快推进传统产业高端化、智能化、绿色化改造。甘肃省还实施了产业基础再造工程及行动计划，支持兰州石化打造黄河流域高质量发展示范企业。推动兰州石化乙烯、金川公司氯碱化工下游高端产品研发生产，推进庆阳石化"减油增化"转型升级，支持玉门油田发展清洁能源制氢。

### 专栏6-5  先进制造业的河南"智"造

许昌远东传动轴股份有限公司智能生产车间——建成了55条自动化机器人生产线，基本实现了机器换人、设备换芯、生产换线的智能化生产。

洛阳 LYC 轴承有限公司高端医疗 CT 机轴承试验检测平台——轴承出厂前在该静音试验平台进行动态下的转动噪音、振动值检测。

宇通集团智能化焊接系统——通过构建高效协同的制造供应体系，实现生产效率提升 51%，产品下线一次交接通过率提升 80%，运营成本降低 36%。

郑州海尔新能源科技有限公司——全球领先的 5G+工业互联网智能

工厂。

宇通集团 5G 无人驾驶公交——2019 年 5 月 17 日，河南省启动"5G+"示范工程，全球首条在开放道路上试运行的 5G 无人驾驶公交线路在郑州市郑东新区智慧岛开通。

智能农机生产线——一拖集团牵头组建的智能农机创新中心被认定为河南省首家省级制造业创新中心，并成功创建国家制造业创新中心。

蛟龙号深潜器载人球壳——洛阳船舶材料研究所研制。

重型磨机换衬板智能机器人——中信重工在国内率先研制生产了 8 自由度磨机衬板换装全液压重载机械臂，负载 2.5 吨，提升作业效率 2~3 倍。

中铁装备 588 号泥水平衡盾构机——直径达到 15.8 米，是目前国内最大直径泥水平衡盾构机。

上汽郑州基地乘用车智能化车身焊接车间——底板、总拼、补焊三条主线全部采用机器人，点焊的自动化率达到了 99.8%。


# 三、黄河流域产业转移的趋势分析

黄河流域经济发展和产业转移要以生态保护为首要因素，按照国土空间布局优化要求，严格按照分类管控引导，承接适宜的产业转移。转移不仅包括制造业生产企业，还包括为制造业服务的各类要素和资源，创新作为产业发展的核心要素，已经开始成为黄河流域各省区努力争取的合作资源。数字经济作为推动我国经济高质量发展的重要引擎，更是成为各省区开发建设的重点，黄河流域各省区结合自身的条件和特色通过承接产业转移和合作或加大数字基础建设，或发展数字信息产业，或加快实体经济智能化发展等。


## （一）严守生态底线，强化分类发展

黄河是世界上含沙量最高、治理难度最大、历史水害最为严重的河流。黄河流域尤其是上游地区降水稀少且分布不均，水资源严重短缺；流域内沙漠、戈壁广布，黄土高原水土流失严重，生态环境十分脆弱。黄河流域的生态保护是首位，经济社会发展也要以生态保护红线、环境质量底线、资源利用上限为根本。目前黄河流域各省区均在开展"三线一单"（生态保护红线、环境质量底线、资源利用上线和生态环境准入清单）编制工作，优化国土空间布局，强化分类管控引导。实施黄河流域水土流失综合治理、湿地生态修复和水源涵养提升等工程。内蒙古自治区明确把全区 50%以上的国土面积划入生态保护红线。把保护草原、森林作为首要任务，明确规定草原重要生态功能区不再新上矿业开发和风电、光伏项目，已建项目有序退出；停止自然保护区内所有矿山企业开采勘探活动；提高露天矿治理标准。取缔违规占用草原的旅游景区景点397 家，辉腾锡勒草原保护区风电机组开始拆除，额仑草原违规开垦、开矿等得到治理。山西省实施"三线一单"生态环境分区管控，详细内容见专栏 6-6。宁夏回族自治区将区域划分为黄河生态经济带、北部绿色发展区、中部封育保护区、南部水源涵养区。青海省开展"守护母亲河、推进大治理"专项行动，成立黄河上游生态保护与高质量发展实验室，推进木里矿区及祁连山南麓青海片区生态环境综合整治，"十三五"时期开展保护"中华水塔"行动，三江源、祁连山等区域重点生态工程成效明显，国土绿化提速三年行动计划圆满完成，五级河湖长体系全面建立，湿地面积稳居全国首位，青海湖水域面积逐年扩大，森林覆盖率由 6.3%提高到 7.5%，草原综合植被盖度达到 57.4%，国家生态安全屏障更加牢固。

### 专栏 6-6　山西省实施"三线一单"生态环境分区管控

2021 年 1 月山西省下发《关于实施"三线一单"生态环境分区管控的意见》（以下简称《意见》），提出在全省范围内构建"三线一单"生态环境分区管控体系。

根据《意见》，全省共划分为优先保护单元、重点管控单元和一般管控单元三类生态环境管控单元，实施分类管控。其中，优先保护单元主要包括生态保护红线、自然保护地、饮用水水源保护区、泉域重点保护区，以及生态功能重要和生态环境敏感脆弱的区域等，主要分布在山西省太行山、吕梁山等生态屏障带，以及沿黄水土流失生态脆弱区域。重点管控单元主要包括城市建成区、省级以上经济技术开发区和产业园区、大气环境布局敏感区和弱扩散区，以及开发强度高、污染物排放量大、环境问题相对集中的区域山西省。一般管控单元指优先保护单元和重点管控单元之外的其他区域。

《意见》提出，根据优先保护、重点管控、一般管控三类生态环境管控单元特征，从空间布局约束、污染物排放管控、环境风险防控和资源利用效率等方面，建立"省+市+环境管控单元"三级生态环境准入清单。

同时，《意见》围绕山西省的生态格局，以及京津冀及周边地区、汾渭平原、 汾河谷地区域实际，要求加强太行山、吕梁山和沿黄水土流失生态脆弱区域生态保护红线和重要生态空间的保护，依法禁止或限制大规模开发，严格矿山开采等产业准入，加强矿区的生态治理与修复，提高水源涵养能力，保护森林生态系统，有效减少泥沙入河。在汾河、桑干河、大清河、滹沱河、漳河、沁河和涑水河等河流谷地，晋阳湖、漳泽湖、云竹湖、盐湖、伍姓湖等"五湖"生态保护与修复区域，"黄河、长城、太行"旅游产业布局区，以及人居环境敏感区，严控重污染行业产能规模，推进产业布局与生态空间协调发展。京津冀及周边地区和汾渭平原等国家大气污染联防联控重点区域，加快调整优化产业结构、能源结构，严禁新增钢铁、焦化、铸造、水泥、平板玻璃等产能，加快实施城市规划区"两高"企业搬迁，完善能源消费双控制度。实施企业绩效分级分类管控，强化联防联控，持续推进清洁取暖散煤治理，严防"散乱污"企业反弹，积极应对重污染天气。太原及周边汾河谷地区域在执行京津冀及周边地区和汾渭平原区域管控要求基础上，实施以资源环境承载力定发展，全面推进现有焦化、化工、钢铁、有色等重污染行业企业逐步退出城市规划区和县城建成区，推动焦化产能向资源禀赋好、环境承载力强、大气扩散条件优、铁路运输便利的区域转移。鼓励焦化、化工等传统产业实施"飞地经济"。汾河流域加强流域上下游左右岸污染统筹治理，严格入河排污口设置，实施汾河入河排污总量控制，积极推行流域城镇生活污水处理"厂—网—河（湖）"一体化运营模式，大力推进工业废水近零排放和资源化利用，实施城镇生活再生水资源化分质利用。

《意见》强调，各级政府和各有关部门要加强"三线一单"与国民经济和社会发展规划、国土空间规划的衔接，把"三线一单"作为产业布局、产业结构调整、资源开发、城镇建设、重大项目选址等各类开发建设活动的重要依据，为经济社会高质量发展提供支撑。据悉，山西省"三线一单"成果目前已成功应用于省级重大工程项目选址、开发区规划环评审查等工作，通过"三线一单"生态环境分区管控，进一步加强生态环境源头预防，优化产业发展空间布局，为打赢打好污染防治攻坚战，促进全省高质量发展提供支撑。

## （二）吸引创新资源，深化科技合作

创新作为第一生产力，发挥着越来越重要的作用。黄河流域各省区大力深入推进创新驱动发展，或搭建创新平台，或与中央国家院所开展科技合作，或构建多层次试验体系，或加快科技成果转化，不断增强企业创新能力，形成具有核心竞争力的企业，增强产业核心竞争力。

四川省"十四五"规划提出，要加快建设具有全国影响力的科技创新中心；强化重大创新平台建设；推进综合性科学中心建设，打造大科学装置等创新基础设施集群，建设西部（成都）科学城，支持中国（绵阳）科技城建设科技创新先行示范区；聚焦航空航天科技、生命科学、先进核能、电子信息等优势领域，组建天府实验室，争创国家实验室。推进国家应用数学中心、川藏铁路技术创新中心、高端航空装备技术创新中心、国家高性能医疗器械创新中心四川分中心、中国工程院四川战略研究院等建设，布局一批省级创新平台；启动建设电磁驱动聚变原型装置、西部光源系列装置。山东省提出构建多层次实验室体系，发展新型研发机构，全力创建综合性国家科学中心，加快建设中科院济南科创城，支持国家高速列车技术创新中心、燃料电池技术创新中心、先进印染技术制造业创新中心建设。陕西省2019年就启动了百项科技成果转化行动，该行动围绕省内战略支柱产业发展需求，建立陕西百项科技成果转化项目培育库，征集遴选培育100项优质科技成果，形成一批具有示范带动效应和核心竞争力的高科技企业。甘肃省深化与中国科学院的科技合作，通过举办"院省联动 百企共聚 中科院科技成果进兰白"系列活动，引导中科院科技成果在甘落地转化。甘肃省还与上海市结对，结对建设的兰白科技创新改革试验区推动了甘肃高新技术和产业的发展。山西省探索建立"揭榜挂帅"集聚创新人才的体制机制，借助"全球大脑"攻克关键核心技术难题，2020 年 8 月，山西省科技厅向全球发布了第三批科技项目揭榜招标榜单。上榜的 21 个项目均为制约山西省产业发展的"卡脖子"技术和关键核心技术重点攻关项目。揭榜中标者是来自全球的 58 家企业、高校和科研机构。三次发榜共涉及 60 多家企业、40 多个技术难题，聚焦半导体、碳基新材料、信息技术应用创新、煤层气、新能源等重点领域。宁夏回族自治区 2020 年 12 月发布《关于加快发展高新技术企业的若干措施》，提出形成"引导入库一批、精准培育一批、申报认定一批"的培育机制，争取每年新认定高新技术企业 50 家以上，力争到 2025 年全区高新技术企业总量在 500 家以上。

## 专栏 6-7　宁夏回族自治区硬核措施加快高新技术企业发展

2020 年 12 月，宁夏回族自治区政府第 81 次常务会审议通过《关于加快发展高新技术企业的若干措施》。《措施》提出，要加大高新技术企业培育力度，围绕自治区电子信息、新型材料、清洁能源、枸杞、葡萄酒等重点产业转型升级技术需求，引导企业聚焦高新技术领域开展科技创新活动。对标高新技术企业认定标准，建设高新技术企业培育库。完善科技型企业统计监测制度，每年遴选一批重点培育对象，在研发投入、成果转化、知识产权等方面补短板、强弱项，鼓励区内外各类"双创载体"和科技中介服务机构为企业提供"一站式"培育服务，每培育认定 1 家高新技术企业，给予 3 万元奖励。要支持高新技术企业开展重大技术攻关和科技成果转化。要优先支持高新技术企业承担或参与自治区重大创新工程、关键核心技术攻关及重大科技成果应用示范等项目，引进国内外先进科技成果及关键设备，提升产品质量、技术水平和产出效益。

《措施》要求，要推动创新人才向高新技术企业集聚。自治区高层次人才培养和引进计划向高新技术企业倾斜，优先在高新技术企业中开展"政府出钱、企业育才"试点，健全完善政府支持高新技术企业引才引智政策。要落实高新技术企业优惠政策。要支持高新技术企业新产品应用推广，对高新技术企业的创新产品，优先列入自治区政府采购目录。要优化高新技术企业融资环境，高新技术企业首次申请"宁科贷"支持贷款额度可放宽到 500 万元，续贷支持额度可放宽到 1000 万元。

近年来，宁夏回族自治区大力实施创新驱动战略，不断开展科技型企业培育，高新技术企业数量从 2017 年的 95 家增长到目前的 293 家，增长了两倍多；2016 年至 2019 年全区高新技术企业营业收入年均增长 29.4%、利润总额年均增长 126%，经济效益显著；高新技术企业研发经费占全区的 40.7%，研发人员占全区的 52.4%，科技创新平台占全区的 33%，有效发明专利占全区的 66.4%，已成为支撑引领高质量发展的重要力量。当前，我区经济发展正处于转型升级的关键阶段，要走出一条高质量发展的新路子，必须把加快培育高新技术企业摆在更加突出的位置，示范带动各类企业增强创新意识，加大研发投入，持续科技攻关，提高核心竞争力，为建设黄河流域生态保护和高质量发展先行区提供更加有力的支撑。

## （三）发展数字经济，筑基未来发展

近年来，以大数据、人工智能为代表的新一代信息技术迅猛发展，数字经济已成为引领全球经济社会变革、推动我国经济高质量发展的重要引擎。农业经济和工业经济以土地、劳动力、资本为关键生产要素，数字经济则以数据为关键生产要素。黄河流域各省区都在推进发展数字经济，或加快新一代信息技术与实体经济融合发展，或大力构建新型数字基础设施建设，或发展数字信息产业。

山东省"十四五"规划提出，要加快 5G 等新型基础设施建设，持续深化"个十百"工业互联网平台体系，支持"海尔卡奥斯""浪潮云洲""橙色云"打造世界级工业互联网平台，推动企业"上云用数赋智"，高水平建设全国工业互联网示范区。利用 5 年时间培育 1 万名数字专员，对接服务 100 万家、直接服务 10 万家中小企业，深入挖掘数字化转型需求，提供专业化"顾问+雇员"

式服务。推动光电子、高端软件等领域创新突破，打造先进计算、新型智能终端、高清视频、信创等数字产业集群，拓展数字产业发展空间，壮大数字经济规模。山西省新建的环首都·太行山能源信息技术产业基地一期正式开园，大同市政府与秦淮数据集团签订新一代 AI 超大规模数据中心扩容项目投资协议，项目将扩容占地 500 亩，支持 AI、自动驾驶、量子通信等新业态的巨量算力需求，建设全国首个将能源与大数据产业深度融合的国家级信息技术产业基地。青海省正在统筹谋划推进"云上青海"，明确要促进区块链、大数据、云计算、人工智能等新一代信息技术与实体经济融合发展。开展企业上云三年行动，支持盐湖化工、新能源、新材料等龙头企业建设工业互联网平台。加大 5G 网络、大数据中心、物联网等新型基础设施建设力度，完成西宁国际互联网数据专用通道建设，建成数字经济展示运营中心，布局大数据和软件产业园，加快引进云计算服务龙头企业。甘肃省正在推进兰州新区大数据、金昌网络货运数字产业园和白银云创空间科创园建设，实施庆阳金山云西北总部、兰州鲲鹏计算、海康威视区域总部等重点数字产业项目。

**（本章由张鲁生负责编写）**

# 第七章
# "一带一路"倡议下的
# 区域产业合作与转移

  "一带一路"倡议是完善全球治理的中国方案，是中国新时代打造全面开放新格局的重大举措，是实现共同发展繁荣的巨大合作平台。自 2013 年 9 月和 10 月国家主席习近平在出访中亚和东南亚国家期间先后提出共建"丝绸之路经济带"和"21 世纪海上丝绸之路"（下文简称"一带一路"）倡议以来，"一带一路"建设已经走过八个年头。"一带一路"倡议提出八年，从点成线再到面，"一带一路"建设取得的成绩令人瞩目。从基础设施到民生改善，从贸易往来到文化交流，"一带一路"惠及世界，赢得信赖。

## 一、我国"一带一路"总体建设进展

  共建"一带一路"倡议提出以来，中国根据有关国家发展需要，积极开展发展合作，在深化政策沟通、加快设施联通、推动贸易畅通、促进资金融通、增进民心相通上发挥作用，为各国发展培育空间、创造机遇，推动高质量共建"一带一路"。特别是 2020 年以来，面对复杂的国际形势特别是疫情的冲击，中国同有关国家守望相助、共克时艰，推动"一带一路"取得了新进展、新成效，一批重大项目进展平稳，尤其是"健康丝绸之路""数字丝绸之路"建设成效明显。"一带一路"朋友圈越来越大，共建"一带一路"倡议和构建人类命运共同体理念深入人心。

## （一）政策沟通

政策沟通是共建"一带一路"国家加强政治互信、开展务实合作、深化利益融合的基础。2020年以来，面对疫情冲击，共建"一带一路"合作呈现出十足韧性。我国通过签订合作协议、签署合作备忘录、开展交流活动等方式建立双边合作机制，与伙伴国共同应对疫情挑战，丰富合作内涵，拓展合作领域，增强合作信心。

七年多来，"一带一路"建设在政策沟通方面不断深化，围绕发展战略和规划、机制平台建设、具体项目建设等方面展开对接并取得了丰硕成果。一是深化加强双边合作，推动双边关系进一步发展。推动签署"丝路电商"合作备忘录并建立双边合作机制。通过举办工作组会、政企对话会等方式，与伙伴国加强政策交流，促进地方对接和企业合作。加强电商抗疫合作。推动电商企业利用采购渠道和物流网络优势，为相关国家提供抗疫物资保障。同时，积极提供政策指导，持续更新192个国家和地区防疫管控措施，为企业复工复产和开展跨境电商业务做好服务保障。截至2021年2月4日，中国已经与22个国家签署了"丝路电商"合作备忘录并建立了双边合作机制，与伙伴国共同应对疫情挑战，丰富合作内涵，拓展合作领域，增强合作信心。二是加强多边合作，维护多边贸易体制，共同推动建设开放型世界经济。2020年11月15日《区域全面经济伙伴关系协定》（RCEP）正式签署，全球规模最大的自贸试验区就此诞生，这是东亚区域一体化20年来最重要的成果。三是强化与沿线国家交流沟通与合作。利用商贸物流合作园区加强与沿线国家的交流对话。近年来"一带一路"倡议与匈牙利"向东开放"政策高度对接，并签署了共建航空货运枢纽协议，搭建起连接中国和匈牙利的"空中丝绸之路"。积极推动自贸试验区建设，与柬埔寨签署自贸协定，签署中欧地理标志协定，正式实施中国—巴基斯坦自贸协定第二阶段议定书关税减让安排。截至2021年1月30日，中国与

171 个国家和国际组织，签署了 205 份共建"一带一路"合作文件。

## （二）设施联通

互联互通是共建"一带一路"的关键。中国积极支持共建"一带一路"国家公路、铁路、港口、桥梁、通信管网等骨干通道建设，助力打造"六廊六路多国多港"互联互通大格局。

2020 年，在疫情冲击之下，"一带一路"设施建设发展势头依旧强劲。

**一是重大项目取得新进展。**中老铁路全线隧道实现贯通，中老铁路铺轨工程取得新进展。巴布亚新几内亚西高地省高速公路项目顺利完工，中泰铁路一期线上工程合同达成一致，雅万高铁建设实现节点目标，匈塞铁路匈牙利段项目 EPC 主承包合同正式生效，匈塞铁路塞尔维亚泽—巴段左线建成通车运营，巴基斯坦拉合尔橙线项目运营通车。中菲积极推进基础设施建设合作，菲律宾交通部与中国企业于 2021 年 1 月 16 日签署总额约 9.4 亿美元的苏比克—克拉克铁路项目商务合同。该项目是迄今为止金额最大的中菲政府间合作项目，也是菲律宾政府"大建特建"规划的旗舰项目。

**二是中欧班列逆势增长。**2020 年中欧班列共开行 1.24 万列，逆势增长 50%，综合重箱率 98.4%，再次创造新纪录，运输网络持续拓展，通达欧洲 21 个国家、97 个城市。2020 年以来，疫情暴发以来，在国际客运航线停飞、公路受阻、水运停滞等情况下，中欧班列成为中外企业进出口的主要运输通道。各国防疫急需的口罩、手套和医用纱布，复工复产必备的汽车配件、电子产品和通信光纤，纷纷搭乘中欧班列顺利运抵各国，保障生产"不断链"、生活"不断供"。共运送医疗物资近 800 万件，共计 6 万多吨，成为中欧之间抗疫合作的"生命通道"，为维护国际供应链产业链稳定提供了重要支撑。

**三是航空运输领域合作进一步深入。**与巴基斯坦、比利时等开通新航线，架起安全、快捷、高效的空中桥梁。中国北斗系统完成全球组网，为世界卫星导航事业发展做出重要贡献、为世界人民共享更优质的时空精准服务提供更多选择。天津港集团新开通一条"一带一路"航线，该"东南亚"新航线由天津港集团与海丰国际控股有限公司共同打造，将投入 4 条 1800 标准箱级船舶进行"周班"运营，对天津市充分发挥北方国际运航核心区作用，稳外贸促消费，打造快航通道，推动京津冀及"三北"地区与东盟经贸合作沿高质量发展方向走深走实意义重大。位于陕西西咸新区空港新城的陕西首条洲际第五航权全货运航线开通。近年来，空港新城充分发挥临空特色，2019 年机场航空货邮吞吐量突破 38 万吨、增长 22%，增速居全国十大枢纽机场首位。新航线的开通，让空港新城累计开通的全货运航线达到 30 条。

**四是健康丝绸之路取得新突破。** 疫情暴发以来，中国秉持人类命运共同体理念，积极履行国际义务，发挥全球抗疫物资最大供应国作用，向"一带一路"沿线国家提供力所能及的物资和技术援助，已向 150 多个国家和国际组织提供 280 多批紧急抗疫物资援助。随着数字经济新业态新模式蓬勃兴起和绿色经济发展，越来越多的国家看到了健康丝绸之路与数字丝绸之路、绿色丝绸之路的合作机遇，相继参与到健康丝绸之路与数字丝绸之路、绿色丝绸之路共同建设之中。

## （三）贸易畅通

贸易是经济增长的重要引擎。中国通过促贸援助，帮助相关国家改善贸易条件、提升贸易发展能力，为共建"一带一路"国家间实现贸易畅通夯实基础。

2020 年，中国努力应对疫情影响，不断深化"一带一路"经贸合作。贸易往来保持增长。2020 全年与沿线国家货物贸易额 1.35 万亿美元，比 2019 年增长 0.7%（人民币计为 1.0%），占我国总体外贸的比重达到 29.1%。中欧班列的贸易大通道作用更加突显，2020 全年开行超过 1.2 万列，比 2019 年上升 50%，通达境外 21 个国家的 92 个城市，比 2019 年年底增加了 37 个。国际陆海贸易新通道建设加快，合作规划编制等相关工作扎实推进。机制平台更加健全。截至 2021 年 1 月 30 日，中国与 171 个国家和国际组织，签署了 205 份共建"一带一路"合作文件。2020 年，我国与缅甸、墨西哥、智利、白俄罗斯新建了贸易畅通工作组，还推动与更多国家建立投资工作组、服务贸易工作组和电子商务合作机制。同时我国还成功举办了一系列重要展会，例如进博会、服贸会、广交会、中国—东盟博览会等，有力促进了与相关国家和地区的经贸往来。投资合作不断深化。2020 全年对沿线国家非金融类直接投资 177.9 亿美元，增长 18.3%，占全国对外投资的比重上升到 16.2%；对重点行业投资实现较快增长，对装备制造业、信息技术业、科研和技术服务业投资分别增长 21.9%、9.6% 和 18.1%。

此外，一大批境外项目和园区建设在克服疫情中稳步推进，中白工业园新入园企业 13 家。同时，沿线国家企业也看好中国发展机遇，在华新设企业 4294 家，直接投资 82.7 亿美元。根据海关总署 2021 年 1 月 14 日发布的数据显示，2020 年我国对"一带一路"沿线国家进出口 9.37 万亿元，增长 1%；商务部数据显示，2020 年 1—11 月中国对"一带一路"沿线国家非金融类直接投资 159.6 亿美元，同比增长 24.9%。

## （四）资金融通

"一带一路"区域人民币使用率逐步提高，货币合作不断深化，基础设施日趋完善。7 年来，"一带一路"区域人民币接纳度和使用率不断提高。主要体现在以下几个方面：人民币与"一带一路"货币外汇交易取得突出进展、人民币成为区域重要储备货币选项之一和人民币清算网络与银行布局不断拓展等。2019 年我国与"一带一路"相关国家办理人民币跨境收付金额超过 2.73 万亿元，比 2018 年增长 32%，较 3 年前提高逾 1 倍，在同期人民币跨境收付总额中比重达 13.9%。其中，货物贸易收付金额 7325 亿元，直接投资收付金额 2524 亿元。随着"一带一路"经贸往来更加密切，人民币对相关国家货币外汇交易不断增加。在全国银行间外汇市场上，人民币实现对 9 种相关国家货币直盘交易，包括阿联酋迪拉姆、沙特里亚尔、匈牙利福林、波兰兹罗提、土耳其里拉、泰铢、新加坡元、马来西亚林吉特及俄罗斯卢布；在银行间区域交易市场，我国分别在新疆维吾尔自治区、内蒙古自治区、广西壮族自治区等省份启动人民币对哈萨克斯坦坚戈、蒙古图格里克、柬埔寨瑞尔的外汇交易，对降低企业交易成本和汇率风险、增进区域经贸往来具有积极意义。2019 年，人民币对"一带一路"相关国家货币外汇交易规模达 2042 亿元，比 2018 年增长 43%。与此同时，随着"一带一路"建设不断推进及人民币国际化发展，我国先后与相关 21 个国家货币当局建立了双边本币互换安排，东盟考虑将人民币纳入清迈协议安排，人民币开始显现区域储备货币特征。

不仅如此，当前"一带一路"相关 8 个国家已建立人民币清算安排，人民币跨境支付系统覆盖相关 60 多个国家和地区。中资商业银行成为"一带一路"人民币推广使用的主力军。截至 2019 年，共有 11 家中资银行在 29 个"一带一路"相关国家设立了 79 家一级分支机构。以中国银行为例，截至 2019 年年末累计跟进重大项目超过 600 个，相关机构全年办理人民币清算量超过 4 万亿元。此外，汇丰、花旗、渣打等外资银行也看好"一带一路"前景与人民币业务，加大了资源投入与金融合作力度。

## （五）民心相通

中国通过实施民生援助，加大人文交流、文化合作，形成相互欣赏、相互理解、相互尊重的人文格局，筑牢共建"一带一路"的社会基础。

**实施民生工程。**在共建"一带一路"国家实施一批住房、供水、医疗、教育、乡村道路、弱势群体救助等民生项目，帮助补齐基础设施和基本公共服务短板。

**加强文化合作。**与 17 个共建"一带一路"国家开展 33 个文物援助项目，在非洲 20 多个国家实施"万村通"项目。截至 2020 年 9 月，中国已与 188 个国家和地区、46 个重要国际组织建立了教育合作与交流关系，与 54 个国家签署了高等教育学历学位互认协议。

# 二、我国各区域"一带一路"产业合作与转移现状

"一带一路"倡议提出以来，国家在整体层面上全面开展对外开放，积极开展发展合作，在深化政策沟通、加快设施联通、推动贸易畅通、促进资金融通、增进民心相通上发挥作用。与此同时，全国各省（自治区、直辖市）根据自身的发展方向和基础条件积极参与"一带一路"建设，扩大自身贸易领域，优化贸易结构。

## （一）各区域与"一带一路"沿线国家对外贸易情况

我国各省（自治区、直辖市）经济发展水平存在差异，自然资源条件和经济社会环境也各有不同，参与"一带一路"建设的能力和实力也各不相同。2020年，各省市继续积极融入"一带一路"建设。东部地区经济实力雄厚，是"一带一路"建设的先锋。

**东部地区。** 东部地区积极开展与"一带一路"沿线国家的对外贸易，部分地区对外贸易额出现较快增长。江苏省 2020 年实现外贸进出口 44500.5 亿元，比 2019 年增长 2.6%，较全国增幅高 0.7 个百分点，占同期我国进出口总值的13.8%。其中出口 27444.3 亿元，增长 0.9%；进口 17056.2 亿元，增长 5.5%。同时，江苏省对"一带一路"沿线国家进出口 10840.4 亿元，增长 1.9%，显示出江苏省外贸伙伴更加多元丰富。2020 年江苏省积极稳住外贸基本盘，通过制定《关于进一步做好当前稳外贸工作的若干措施》《关于支持出口产品转内销促进内外贸融合发展的若干措施》等系列政策文件，建立外贸外资企业复工复产服务协调机制；南京市海关首创"企业问题清零系统"，让广大外贸企业快速减压，切实感受到政企同心共渡难关的决心和信心。市场结构优化、一般贸易进出口比重提升、与"一带一路"沿线国家贸易活跃，江苏省外贸在重压下显示出强大的韧性。受疫情影响，深圳市外贸在严峻的考验面前也展现出强大韧性。深圳市政府部门及海关连续出台稳外贸、稳外资措施，通过制度创新优化口岸营商环境，用好用足原产地等政策，为企业减负增效，增强产品市场竞争力，支持深圳市企业拓展"一带一路"市场。据海关统计，2020 年前 11 个月，深圳市对"一带一路"沿线国家和地区进出口 6032.4 亿元，比 2019 年同期增长 1.9%。

**中部地区。** 面对国内外严峻复杂的形势和疫情的严重冲击，湖南省、安徽省、山西省等部分省市依旧表现不俗。2020 年，湖南省外贸实现逆势增长，进出口总值 4874.5 亿元，比 2019 年增长 12.3%。其中，对"一带一路"沿线国家合作持续升温，进出口 1472.8 亿元，增长 19.7%。安徽省 2020 全年货物贸易进出口总值 5406.4 亿元，比 2019 年增长 14.1%。其中，对"一带一路"沿线国家进出口 1312.7 亿元，增长 11.8%。近年来，山西省立足于承东启西、连接南北的区位优势与物流大省等资源优势，积极发展陆港经济，借力区域合作，主动融入"一带一路"。2020 年，山西省对"一带一路"沿线国家货物贸易进出口总值 348.3 亿元，同比增长 5.3%，连续 3 年实现正增长。此外，2020 年，山西省新增运城市、大同市两个正式开放航空口岸和五台山机场临时开放口岸，太原市、大同市跨境电商综合试验区正式获批，朔州市、运城市开通中欧班列，中欧班列开行 182 列，山西省对外开放再上新台阶。

**西部地区。**四川省、云南省和陕西省等地表现较为突出。2020 年，四川省外贸进、出口同步快速增长，外贸规模再创历史新高。据海关统计，2020 年四川省货物贸易进出口总值 8081.9 亿元，规模位列全国第 8，对"一带一路"沿线国家进出口 2454.9 亿元，增长 24%，占 30.4%。2020 年，云南省外贸进出口总额 2680.4 亿元，较 2019 年增长 15.4%，高于全国整体增速 13.5 个百分点，对"一带一路"沿线国家进出口 1680.9 亿元，增长 3.2%，为云南省进一步扩大开放奠定了坚实基础。陕西省 2020 年对"一带一路"沿线国家进出口 630.4 亿元，比 2019 年增长 26.7%，高于全国增速 25.7 个百分点。

**东北地区。**吉林省在 2020 年前 10 个月货物贸易进出口总值为 1082.5 亿元，对"一带一路"沿线国家进出口 310.7 亿元，增长 0.5%。黑龙江省黑河市全力建设中俄跨境产业集聚区，发展跨境产业集群，促进跨境产能合作，跨境电商产业发展迅猛。2020 年，园区实现销售收入 15.1 亿元。在整个"十三五"期间，实现了年平均增长 23%的成绩。

## （二）各区域对"一带一路"沿线国家的投资情况

总体来看，2020 年，我国对外投资合作保持平稳健康发展，对外投资总体实现增长，对"一带一路"沿线国家投资合作稳步推进。2020 年，我国企业对"一带一路"沿线 58 个国家非金融类直接投资 177.9 亿美元，较 2019 年相比增长 18.3%，占同期总额的 16.2%，较上年提升 2.6 个百分点；在沿线国家新签承包工程合同额 1414.6 亿美元，完成营业额 911.2 亿美元，分别占同期总额的 55.4%和 58.4%；地方企业全年对外非金融类直接投资 807.5 亿美元，较 2019 年增长 16.4%，占同期对外直接投资总额的 73.3%。其中东部地区对外投资比 2019 年增长 21.8%，广东省、上海市、浙江省位列前三。2020 全年对外承包工程完成营业额 10756 亿元，比 2019 年下降 9.8%，折 1559 亿美元。其中，对"一带一路"沿线国家完成营业额 911 亿美元，下降 7.0%，占对外承包工程完成营业额比重为 58.4%。对外劳务合作派出各类劳务人员 30 万人。

**东部地区**。面对疫情和国际形势变化带来的巨大挑战，作为全国改革开放先行地的浙江省，对标建设"重要窗口"新目标新定位，深入实施十大标志性工程，奋力推进"一带一路"重要枢纽建设。浙江省发挥"浙江人经济"优势，支持在境外投资创业的浙商深度参与"一带一路"建设。16 个中方投资额 1 亿美元以上的项目投向 13 个国家和地区，优化了浙江省企业的全球产业链。如总投资约230亿元的恒逸文莱石化项目是历年来单体最大的民营企业境外投资项目，已成为中文（莱）两国旗舰合作项目；吉利并购沃尔沃项目是我国海外并购最突出的成功案例之一。2020 年 1 月至 11 月，浙江省对"一带一路"沿线国家（地区）进出口总额达 10445 亿元，增长 12.1%。其中，出口 7518 亿元，增长 5.7%。江苏省政府通过组织"江苏优品畅行全球"系列线上贸易促进活动，支持出口企业应用新技术新渠道开拓市场；扩大培育新一代信息技术、新能源等战略性新兴产业出口；鼓励更多本土企业为外资龙头企业配套；推动海门市、常熟市市场采购贸易方式创新发展……2020 年，江苏省出口全年逆势增长 2.6%，其中对"一带一路"沿线国家和地区出口增长 1.5%。2020 年以来，山东省港口物流集团内陆港建设加紧推进。截至 2020 年 12 月，山东省港口累计建设内陆港 18 个，开通铁路班列线路 70 条，海铁联运箱量突破 200 万标准箱，比 2019 年增长 25%。

**中部地区**。中部地区优势产业和企业强势出击。"十三五"以来，安徽省对外投资项目中超过四成投向"一带一路"沿线国家和地区。比如，海螺集团在"一带一路"沿线 10 个国家设立了 41 个项目、11 个实体工厂。江淮汽车对"一带一路"沿线国家出口量已占整体出口量的 70% 以上。"一带一路"承包工程完成营业额占安徽省对外承包工程完成营业额比重超过 55%，覆盖 27 个沿线国家，1 亿美元以上大项目一半以上集中在"一带一路"，雅万高铁建设中有安徽中铁四局的身影，安徽建工承建的中国驻巴基斯坦大使馆是目前中国占地面积最大的驻外外交机构。河南省 2020 年前 4 个月对"一带一路"沿线国家和地区实际投资 1723 万美元、增长 13.7%，总额占 8.5%。其中，2020 年 4 月，新增投资项目包括洛阳栾川钼业集团对其在中国香港特别行政区设立的洛阳钼业控股有限公司以债务工具形式出资 10000 万美元，河南明泰铝业股份有限公司对其在韩国设立的光阳铝业有限责任公司出资 500 万美元。河南全省新签对外承包工程及劳务合作合同额 5000 万美元以上项目 10 个，新签合同额 11.35 亿美元，总额比重 74.5%。其中 2020 年 4 月新增大项目包括中国有色金属工业第六冶金建设有限公司新签合同额 10000 万美元的埃及开罗 160 万吨炼钢轧钢厂项目，河南省水利勘测设计研究新签合同额 6777 万美元的毛里求斯 Grand Baie 污水管网、泵站及相关机电工程建设项目等。湖北省 2020 年前 7 个月对外承包工程新签合同额 117.2 亿美元，与 2019 年前 7 个月相比增长 10.4%。全省地方企业对外实际投资额 6.4 亿美元，比 2019 年增长 9.1%，主要流向制造业、租赁和商务服务业、批发零售业等实体经济领域。与"一带一路"沿线国家和地区投资合作不断深化，在沿线国家和地区承包工程完成营业额、新签合同额占全省总额的 81.8%、74.3%，比 2019 年增长 51.3%、0.4%。

**西部地区。**西部各省（自治区、直辖市）在对外投资方面发展势头不断提升。青海省 2020 年对"一带一路"沿线国家投资同比增长 2.8 倍，非金融类对外直接投资同比增长 180%，完成对外承包工程营业额 2.3 亿美元，对外劳务输出人数同比增长 5%。重庆市引导创新转型，加大对外投资合作，围绕贸易畅通，重庆市商务委支持重庆国际贸易、中基进出口等企业在"一带一路"沿线投资建设贸易营销网络，助力重庆威马新能源公司新设俄罗斯代表处。围绕设施联通，支持重庆外建等企业在尼泊尔、乌干达等国开展交通运输、房屋建设总承包。完善与国开行、进出口银行、中信保"3＋1"工作机制，建立重庆市"走出去"银企合作联盟。组织召开孟加拉国情推介、全市对外承包工程企业座谈等活动，促成意向合作 5 个。搭建与英国等国家驻重庆、成都领事机构联络机制，举办"2020 年匈牙利投资暨创新项目推介会""德国杜塞尔多夫投资机遇分享会"，推动企业抱团"走出去"。截至 2020 年 7 月底，重庆市"走出去"实现逆势增长，对外直接投资达 24833 万美元。作为中国面向东盟开放合作的前沿和枢纽城市，广西壮族自治区南宁市加速形成面向东盟产业投资集聚高地。2020 年南宁市统筹推进重大项目 613 个，涉及总投资 7858.48 亿元，万有（南宁）国际旅游度假区、天际新能源汽车等一批重大产业项目已开工建设。

**东北地区。**黑龙江省将自由贸易试验区建设作为对标国际规则、打造对外开放高地、深度融入共建"一带一路"的抓手。截至 2020 年 6 月底，中国（黑龙江）自由贸易试验区新设立企业 3592 家，其中外资企业 22 家；新签约项目 120 个，投资额 1784.28 亿元。截至 2020 年 4 月末，辽宁省已与 56 个"一带一路"沿线国家开展了跨境人民币结算业务，累计跨境收付总额 1560.3 亿元，占全省跨境人民币收付金额的 13.6%。

## （三）我国吸收"一带一路"沿线国家投资和产能合作情况

全国各区域在大力推进对外投资合作的同时，也在积极吸收"一带一路"各国对我国的投资，积极开展产能合作。总体来看，2020 年，我国成功应对疫情带来的严重冲击，在全球跨国直接投资大幅下降的背景下，全年实际使用外资逆势增长，实现了引资总量、增长幅度、全球比重"三提升"，圆满完成稳外资工作目标。2020 全年外商直接投资（不含银行、证券、保险领域）新设立企业 38570 家，比 2019 年下降 5.7%。实际使用外商直接投资金额 10000 亿元，增长 6.2%，折 1444 亿美元，增长 4.5%。其中"一带一路"沿线国家对华直接投资（含通过部分自由港对华投资）新设立企业 4294 家，下降 23.2%；对华直接投资金额 574 亿元，下降 0.3%，折 83 亿美元，下降 1.8%。东部地区吸收外资增长 8.9%，比重 88.4%，其中江苏省、广东省、上海市、山东省、浙江省等主要引资省份分别增长 5.1%、6.5%、6.6%、20.3% 和 18.3%。东北地区和中西部地区部分省份增长明显，辽宁省、湖南省、河北省等省份分别增长 13.7%、28.2% 和 35.5%。

东部地区。2020 年 6 月 16 日，北京市发布《外资资管机构北京发展指南》（简称《指南》），《指南》详细列明了在京开展资产管理业务可享受的一系列税收优惠政策。向海外资管机构全面展示了北京市的金融营商环境，有助于海外资管机构落地北京后迅速适应中国市场，深入挖掘市场机会和合作潜力，快速建立商业联系。上海市 2020 年前 11 个月吸收外资态势良好，合同外资 471.65 亿美元，增长 2.7%；实际吸收外资 190.35 亿美元，同比增长 6.8%。2020 全年实际吸收外资创下新高，首次突破 200 亿美元。外商投资企业是上海市经济的重要组成部分，截至 2020 年年底，累计设立在上海的外资企业研发中心达到 479 家。山东省扩大高质量招商引资，深度融入"一带一路"建设。为吸引更多外资，山东省全面落实外商投资准入前国民待遇加负面清单管理制度，强化"要素跟着项目走"，出台《山东省重点外资项目要素保障实施细则》，让外商在山东省投资放心、发展安心。2020 年前三季度，山东全省新设外资企业 2003 家，增长 17.5%。

西部地区。2020 年 1 月 8 日，广西壮族自治区向广西自贸试验区西澳达商务服务有限公司发出了《中华人民共和国外商投资法》实施后首张外资企业营业执照。当前，广西壮族自治区已陆续开展新的外商报告制度登记系统改造升级等工作，广西壮族自治区市场监管部门将加大《中华人民共和国外商投资法》及其实施条例推广普及力度，营造更公开、公平和透明的外商投资环境，促进广西自贸试验区建设。

东北地区。东北地区根据自身区位优势条件加大力度吸引外资。2020 年，辽宁省持续加大投资、贸易、通道、平台之间的统筹力度，全力构建对外开放新前沿。2020 年前 11 个月，辽宁省招商引资实际到位资金 5100 亿元，与 2019 年前 11 个月相比增长 12.8%。其中实际到位内资 4940 亿元，增长 12.9%；实际利用外资 23.1 亿美元，增长 9.5%。黑龙江省同欧盟经贸往来密切，在 2020 年多次召开外商投资项目线上招商推介会，截至 2020 年 12 月，黑龙江省累计批准设立欧盟国家（及英国）外商投资企业 293 家，实际使用外资 35.5 亿美元。黑龙江省政府代表团多次访问德国、荷兰、意大利、瑞典等欧盟国家并举办经贸交流推介活动，曾连续几年在哈洽会期间举办欧盟投资贸易洽谈会。与欧盟国家合作的哈飞空客复合材料等新材料项目、凯斯纽荷兰机械等装备制造项目、普邦明胶等医药项目、百威英博等食品项目、宜家等现代服务业项目进展良好。

# 三、当前"一带一路"倡议下产业转移面临的形势分析

2020 年，我国"一带一路"建设的各项工作稳步推进，国际合作范围和领域继续扩大。2021 年是实施"十四五"规划，落实新发展理念，促进高质量发展的开局之年。展望 2021 年，我国经济发展环境面临深刻复杂变化，疫情前

景未卜，世界经贸环境不稳定不确定性增大。面临复杂的国际国内经济形势，如何落实党的十九届五中全会对共建"一带一路"做出的新部署，更加积极主动地推动"一带一路"建设进一步发展，依旧是我国的努力方向。

## （一）国际环境错综复杂

2020 年，各国经济受到贸易保护主义和全球疫情的冲击，世界经济复苏前景不确定。经过一年的防疫实践探索，各国在统筹经济增长和疫情防控方面积累了一定经验，有效阻止了经济从衰退滑向萧条。总的来看，2021 年世界经济有望开启复苏进程，但复苏十分脆弱，世界经济最终表现将取决于疫情持续时间，以及宏观对冲政策的有效性。经济合作与发展组织（OECD）2020 年 9 月报告预测，考虑疫情尚未得到有效控制，以及经济复苏步伐出现放缓，2021 年全球经济将增长 5%，低于 2020 年 6 月预测的 5.2%。国际货币基金组织（IMF）2020 年 10 月报告预测，2021 年全球经济将增长 5.2%，略低于 2020 年 6 月预测的 5.4%，并强调全球经济活动恢复到疫情前水平存在难度，而且很有可能出现倒退。

此外，中美多领域博弈加剧。美国除对中国的制裁手段向多领域延伸以外，还增加对"一带一路"倡议的干扰，持续以技术封锁、金融制裁为由，阻挠一些中小国家与中国合作，并利用一些国家政权交替之际否定与中国"一带一路"相关的各项合作协议。同时，疫情仍在全球扩散蔓延，结束时间无法准确预测。这些情况使得国际社会经济环境愈发复杂。

## （二）国内经济持续稳定恢复

面对 2020 年元月开始的疫情对中国的冲击，党中央和国务院选择了"先集中精力控制疫情，再逐步复产恢复经济"的公共管理和宏观调控的模式，加之在疫情对服务业损害最大的冲击下，中国经济结构中制造业和农业增加值占GDP45.47%的高比率优势，避免了经济增长过深的下行。疫情防控工作取得重大战略成果，经济社会发展主要的目标任务已经完成，并且完成的情况好于预期。"十三五"规划圆满收官。

综合国家统计局发布的数据看，2020 年一季度 GDP 同比增速为-6.8%；但二季度以后，经济进入 V 型快速恢复期，增速由负转正，二、三、四季度同比增速分别为 3.2%、4.9% 和 6.5%。从全年的数据分析，由于第三产业累计同比贡献率较上年同期下降，致使第二产业 GDP 累计同比贡献率上升 10.9 个百分点，并重新成为经济增长的最大动力。

从行业角度来看，交通运输、仓储和邮政业，批发和零售业，住宿和餐饮业，租赁和商业服务业比其他服务业受疫情影响较大，GDP 累计同比增速较上年同期大幅下行。受疫情影响较小的工业，金融业，房地产业，信息传输、软件和信息技术服务业前三季度 GDP 累计同比贡献率分别较 2019 年同期提高 7.26%、85.24%、15.24% 和 79.67%，成为拉动全年 GDP 增长的重要动力。

物价水平方面，年初小幅回落，随后价格水平缓慢回升，但年度居民消费价格指数（CPI）上涨 2.5%，工业生产者出厂价格指数（PPI）下降 1.8%。全年来看，居民消费价格指数（CPI）、核心 CPI、商品零售价格指数（RPI）、工业生产者出厂价格指数（PPI）和工业生产者购进价格指数（PPIRM）分别较上年同期下降了 0.4%、0.8%、0.59%、1.5% 和 1.6%。

货币供给方面，较为宽松的货币政策频频出台，缓解了实体经济流动性短缺问题。2020 年 12 月末广义货币（M2）余额 218.68 万亿元，全年同比增长 10.1%。社会融资规模 12 月末累积为 34.86 万亿元，比 2019 年多增 9.19 万亿元。

经济持续稳定恢复得益于疫情的正确防控。中国在"先集中精力控制疫情、后复产恢复经济"科学思路和正确的公共管理和宏观调控下，在极为困难的一年，国民经济实现了快速复苏。固定资产投资增速的恢复有赖于"新老基建"的共同发力。2020 年 1—10 月，基础设施建设投资累计同比增速为 3.01%。其中电力、热力、燃气及水的生产和供应业固定资产投资完成额同比增速为 18.2%。高技术产业固定资产投资同比增速为 9.7%，医药制造业、计算机及办公设备制造业投资更是分别增长 22.8% 和 14.8%。

外需逐渐走出 2020 年年初疫情负向冲击阴影，进口和出口降幅均不断收窄，实现超预期恢复。2020 年 1—5 月我国防疫医疗用品出口增速大大提高，有效提振出口；2020 年 5 月以后国际主要经济体疫情防控催生了居家办公等需求，带动了家具、灯具等出口增速的上行，带动出口增速的稳定回升。疫情防控创造各方面的环境，外向制造业复工复产，是出口回升的有利条件。

## （三）"一带一路"面临重要发展机遇

"一带一路"是当前世界经济仅存的增长亮点。2020 年以来我国 GDP、出口和对外投资出现全面下降，唯有与"一带一路"沿线国家地区的贸易和投资继续保持增长。2020 年第一季度，中国和"一带一路"沿线国家的进出口较 2019 年第一季度相比增长 3.2%，高出我国外贸增速 9.6 个百分点，比重达 31.4%，可谓逆势增长。东南亚等"一带一路"沿线地区对我国市场重要性上升，相较美欧发达市场展现出一定替代性。

电商和 5G 将在"一带一路"获得大发展的空间。根据国内的经验，疫情期间是电商发展的重要机遇。这种新商业业态在"一带一路"沿线若得到普及，可以形成巨大的市场网络。义乌小商品市场正与电商合作准备建立全球网点，就是虚拟市场与实体市场结合的典型案例。电商、市场网络、5G 技术"三合一"，将使"一带一路"跨上"数字丝绸之路"的大台阶。

在"一带一路"沿线国家形成新的产业链。我国是全球制造行业门类最齐全的国家，25%的全球制造业集中于我国。"一带一路"带动中国产业链向沿线国家延伸，中国产业园区成为当地经济增长的亮点，带动东道国的就业、税收和 GDP 增长的效益明显。大多数国家不会放弃这些收益。中国企业应捕捉沿线国家防疫、复产、复工带来的新商机，对企业"走出去"既要审慎行事，又要优化对沿线国家的投资和产业转移，从市场需求和产业链联结的视角加以重新定位。

中国金融业进入"一带一路"市场的机遇增大。由于无限量化宽松造成美元信用下降趋势，人民币国际化的空间得以扩展。以此为契机，我们可以强化"一带一路"融资能力，摸清"一带一路"贷款、投资、援助和债务的结构和分布，破解"债务陷阱论"。提高透明度和国际合作机制，加大与欧盟、日本、韩国等在"一带一路"沿线国家的"第三方合作"力度，探索中国与欧盟投资合作机制。

公共卫生治理和公共卫生基础设施建设将成为"一带一路"的重要组成部分。沿线发展中国家为多，其抗疫防疫的效率和医护资源能力相对较弱，检测、治疗及防控能力存在很大的差距。公共卫生治理和基础设施建设将为"一带一路"可持续发展提供重要保障。

（本章由黄馨仪负责编写）

第三篇

# 专题研究篇

# 第八章
# 以产业转移推动国内国际双循环发展

在世界变局中着力构建以国内大循环为主体的国内国际双循环相互促进的新发展格局，是党中央根据国内国际形势发展的新变化、全球产业链、供应链重构的新趋势和我国经济社会发展面临的新挑战做出的重大战略部署（以下简称"双循环"）。产业转移是深化区域合作、优化生产力布局、构建合理产业分工体系的有效途径，是破解区域发展不平衡、不协调问题的重要举措，是构建我国国内国际双循环发展格局的重要手段。产业转移工作长期积累的成果和经验将为双循环建设提供重要参考。

从各地产业转移的情况看，未来双循环建设将以创新为核心要素、以产业链价值链为建设重点、以城市群和都市圈为发展主阵地、以"人"为源泉动力。双循环建设在尊重市场规律的基础上要发挥社会主义制度的优越性，加强政府的引导，加大加深供给侧结构性改革，破除制度藩篱，为双循环建设营造良好的环境，激发新的发展动力和活力。

# 一、产业转移是构建双循环发展格局的重要手段

产业转移主要强调从空间层面对各类要素资源进行重新优化组合，促进其在更广阔的范围内转移、聚合、集散、调配，提升生产技术水平，改善产业组织结构，提高资源综合利用效率，最终实现推动经济内生增长，实现提质增效、转型升级。

从调整存量方面来说，产业转移不是对产业项目跨区域简单搬迁，而是在生产规范性条件、产能（减量）置换等多种政策手段综合引导作用下，以更先进的技术水平和组织形态，实现要素资源在更适合的区域优化配置，促进产业绿色化、服务化、高端化。从增量上来看，产业转移可以为相对落后区域注入经济快速发展所必需的优质要素和生产力，特别是关键技术装备、管理人才、商业模式及配套相关资源等，带动承接地经济规模和产业质量的双重提升。经济的繁荣必将带来收入的增加，进而提振消费能力和水平，扩大内需，促进双循环建设。

东部发达地区通过产业对外转移，可以将土地、资金、劳动力等生产要素集中到高新技术产业和产业链高端环节，为产业结构顺利调整升级创造有利条件；中西部地区通过承接劳动密集型产业和地方优势资源型产业，可巩固我国制造业传统成本优势，厚植我国产业基础，保持完整的国内产业链条，增强我国产业链韧性和安全性。转移与承接相结合，存量与增量相结合，制造与创造相结合的产业转移，是实现要素驱动、投资驱动转向创新驱动，对巩固我国在全球产业链价值链中的作用和地位，促成我国国内国际双循环的建设具有重要意义。

## 二、产业转移呈现的新特点将是双循环建设的重点

### （一）创新是双循环建设的核心要素

我国产业发展已经从依托低成本要素红利转向依托人才、技术等高级要素红利和创新红利。创新是发展高精尖产业的核心要素，也是现有产业转型升级的关键。如上海市大力聚集全球顶尖研发机构，带动本地产业价值链高端化发展，截至 2019 年 10 月底，上海市累计引进跨国公司地区总部 710 家（其中亚太区总部 114 家），研发中心 453 家。目前 GE、杜邦、辉瑞、陶氏化学、ABB 等公司都在上海设立公司总部或研发中心。武汉东湖新技术开发区（武汉光谷）依托我国自主创新的许多重大成果实现了"芯、屏、端、网"产业的新布局。四川与北京大学、清华大学等众多知名高校加强合作，聚焦重点产业领域，加快多学科交叉继承创新。

### （二）产业链价值链是双循环建设的重点

在国内国际双循环建设中，完善产业链提升价值链，维护产业链安全，增强产业链韧性至关重要。产业转移中许多地区根据自身产业发展需要，聚焦细分产业领域"选资、选优"，实现产业链缺链补齐、弱链补强。如湖南省围绕轨道交通装备、工程机械产业等 20 个新兴优势产业，坚持全产业链承接，由 14 名省领导联系 20 个产业链，对每个产业链专题研究，制定针对性承接产业链政策，全年分 3 批发布 150 个"强链"项目，带动一批产业链发展壮大。还有一些地区以本地特色优势资源为基础，建设产业链和产业生态，促进地区产业升级。如内蒙古自治区包头将稀土从资源优势转向经济优势，着力打造稀土磁性材料、稀土合金材料和镧铈综合利用产业集群。已形成稀土信息交流、检验检测、产品交易等完善的产业发展配套体系；建成稀土新材料深加工基地、中科院产业园、上海交大产业园、建立 3 个与稀土相关的院士工作站。2018 年稀土原材料就地转化能力达到 100%，2019 年稀土深加工产业产值占稀土行业的比重达到 67.7%。

## （三）城市群都市圈是双循环建设的主阵地

产业转移早已呈现集群式大规模转移的特点，产业大量积聚，往往带动大量人口集聚、生产性和生活性服务业配套发展，产业集群与城市群、都市圈快速融合。城市群和都市圈以相对较少的空间面积集聚了相对较多的人口和产业，是地区产业和经济发展的重要场所，对区域发展具有强大的支撑带动作用。如广东省，2018 年广州和深圳两地生产总值占广东全省生产总值比重分别为22.8%和 24.2%，两地合计比重达到 47%。中西部地区省会城市生产总值大多占到全省生产总值的四分之一，有些地区超过三分之一，甚至接近一半。如武汉和成都比重全省生产总值比重均超过 35%，银川比重甚至达到 54.2%。城市群和都市圈已成为劳动力、技术、资源、产业的重要集聚地，这些要素在市场机制作用下充分流动，高效配置，产生了较强的产业集群效应、规模经济效应和产业价值链效益，未来双循环建设要推动城市群之间的协调互动发展，发挥都市圈对周边地区的辐射带动效应。

## （四）"人"是双循环建设的源泉动力

人员和人才的稳定和流动，不仅牵动着产业发展和布局，还决定着地区内需市场规模和消费水平。这几年的"用工荒"和"人才争夺战"等都表明"人"是社会经济发展的基石，是未来双循环建设的源泉动力。一直以来，中西部和东北地区大量人员流向了我国东部地区。近几年，中西部地区开展了大量工作，引导在外务工人员返乡创业，让"飞雁"变"归雁"。四川省宜宾市南溪区把广东佛山、汕头作为重点招商引资目标区域，主打川商返乡投资，已开工建设了"中国西部轻纺科技产业园"。湖南省邵阳市着力"引老乡回故乡建家乡"，2012 年以来，邵商回乡投资的项目已超过 800 个，投资总额超过 2500 亿元，占全市投资总额的 70%以上。河南省汝州市在外务工人员近 30 万人，占据了1/4 的人口。近年来，该市把支持农民工等人员返乡创业作为推动经济高质量发展的重要抓手，通过搭建返乡创业平台，优化营商环境等，吸引农民工等人员返乡创业。通过吸引 3.3 万名在外人员回乡发展，创办企业 6200 余家，创造各类就业岗位 9.5 万个。不仅呈现出人才回归、技术回乡、资金回流的"聚合效应"，还带动 1200 余户贫困户增收脱贫，实现了能人返乡、产业发展、脱贫攻坚的"三赢"效果。

# 三、产业转移工作中的有效举措可用于推进双循环建设

单纯依靠市场力量是不可能实现双循环建设的。市场的逻辑是经济效率和经济效益，追求经济价值的最大化，这反而会拉大已存在于中西部和东北地区与东部地区之间经济和社会各方面的差距。双循环建设在尊重市场规律的基础上要发挥社会主义制度的优越性，增强政府的引导力，加大加深供给侧结构性改革，破除制度藩篱，为双循环建设营造良好的环境，激发新的发展动力和活力。

## （一）国家通盘谋划统筹推进

在实施区域协调发展，推动产业转移工作中，各地存在各自为政、协调工作难度大、利益共享机制难实现等现象。要开展产业转移，推动区域协调发展，推进双循环建设，需要一系列的前提和保障，如基础设施的互联互通、公共服务的便利共享、市场的统一开放、要素的自由流动、人才和科研资源的畅通流动、各类规则标准的相互认可等等。京津冀模式是探索实践的好案例，国家主导，规划引领，一盘棋整体谋划，自上而下统一部署、统一协调、有序开展。京津冀模式的成功为类似区域协同发展起到了巨大的示范作用，长三角一体化发展也上升为国家战略并付诸实施。

为推动京津冀产业有序转移，工业和信息化部及京津冀三地政府先后发布了一系列指导文件，为京津冀产业转移提供政策指导。宏观层面上，工业和信息化部联合京津冀三地政府发布了《京津冀产业转移指南》，为京津冀地区产业升级和产业转移，优化区域产业布局提供了宏观指导。京津冀三地政府联合发布了《加强京津冀产业转移承接重点平台建设的意见》《京津冀协同发展产业转移对接企业税收收入分享办法》等文件，从平台建设、税收分配等方面进一步完善京津冀产业转移机制设计。部门层面上，三地负责产业转移推动工作

的政府部门通过联合编制产业规划、产业准入目录和负面清单等方式，推动相关产业有效转移和转型升级。

## （二）部委给政策、发文件、办活动、搭平台

一是出台大量政策和文件给予指导。在促进区域协调发展中国家发展和改革委员会开展了"国家级承接产业转移示范区""飞地经济"等建设工作，工业和信息化部先后发布《京津冀产业转移指南》《长江经济带产业转移指南》《产业发展与转移指导目录（2018 年本）》等政策文件，开展"新型工业化示范基地（产业转移合作）"评选工作。

二是开展转移对接活动促成地区间产业合作。自 2010 年开始，由工业和信息化部、河南省人民政府共同主办的中国（郑州）产业转移系列对接活动已经成为具有重大影响力的区域产业对接平台。2019 年 9 月，国家发展和改革委员会、国务院国有资产监督管理委员会、中华全国工商业联合会在天津滨海新区联合举办中西部和东北地区承接东部产业转移精准对接现场会，24 个省（市）发展和改革委员会、18 个国家级新区、10 个产业承接转移示范区和部分央企、民营企业、行业协会、商会代表参加。

三是搭建商贸展会平台推动投资与转移合作。国家发展和改革委员会、工业和信息化部、商务部、科技部等各部委举办全国性或区域性大型综合商贸展会，构筑招商引资平台，举行投资推介活动，促进东部和国际企业加快向中西部的投资和转移。如"中国国际投资贸易洽谈会""中国国际高新技术成果交易会""中国中部投资贸易博览会""中国西部国际博览会""中国东西部合作与投资贸易洽谈会""泛珠三角经贸洽谈会"等。

## （三）省内一体化合作模式进一步加强

广东省早在 2008 年就实施了"双转移"（产业转移和劳动力转移）战略，引导劳动密集型企业向粤东西北地区有序转移、集聚发展，通过"腾笼换鸟"为珠三角发展高端产业腾出空间。如今，粤东粤西粤北 12 市及江门、肇庆、惠州已规划建设省产业园 93 个，作为承接珠三角地区产业梯度转移的主要载

体，成为新的经济增长极。2018 年 12 月 16 日，深圳市深汕特别合作区正式揭牌，标志着深汕特别合作区迈入由深圳直接管理的全新阶段，深汕特别合作区正式成为深圳第"10+1"区（深圳 10 个区和新区+深汕特别合作区）。这也标志着广东省内产业转移又探索了一种新的模式。

## （四）优化营商环境"栽好梧桐树""引得凤凰来"

近几年来，我国各省区市都在不断优化投资营商环境，以最大诚意坚定企业投资信心，吸引产业入驻园区，"栽好梧桐树""引得凤凰来"。正如上海市松江区委书记程向民指出的，要秉持新发展理念，"以优化营商环境的确定性对冲外部环境的不确定性，以创新链产业链的完整性对冲全球产业变局的不确定性，以制度供给的精准性对冲市场观望的不确定性。" 河北省廊坊市围绕项目建设实际需要量身定制"服务包"，提供"管家式"服务，全市每一个重大项目都已确定了一名联系服务的市县领导，成立一套工作专班。湖南省永州市东安县深化重点项目建设审批服务"一次性盖章汇"改革，积极探索"零跑腿、零接触、零付费"审批方式和"预审代办制"，下放 43 项县级管理权限到东安经济开发区，基本实现"园区事务、园区办结"。2020 年上海市实施优化营商环境改革 3.0 版方案，对标世界银行和国家营商环境评价体系，并提供一揽子制度供给。

**（本章由张鲁生负责编写）**

# 第九章
# 全球供应链重构下
# 我国产业转移新趋势

当今世界处于百年未有之大变局，特别是在疫情冲击下，全球供应链加速本土化、多元化、区域化进程。在此背景下，我国产业转移呈现劳动密集型产业加速向东南亚等国转移，中高端技术密集型制造业回流压力凸显，贸易摩擦下企业向越南、墨西哥等国转移速度加快，市场需求型外商投资在我国生产性服务业领域投资比重逐渐增加等发展新趋势。在构建国际国内双循环新发展格局下，必须通过完善相关措施，推动产业有序转移，培育区域经济新动能和国际竞争新优势。

## 一、全球供应链重构新格局

**1. 供应链本土化。**金融危机以来，发达国家积极推动制造业回流，但效果并不明显。在疫情冲击下，各国开始在战略层面对供应链安全因素给予高度关注，美国、日本、德国等国政府纷纷出台多项政策支持本国企业回迁产业链或加强本国产业保护。特别是，在此次疫情中防疫物资奇缺，各国出于公共卫生安全顾虑将推动制药和医疗器械等行业率先启动全球供应链的本地化进程。

**2. 供应链多元化。**疫情使不少国家都经历了生产中断、供应链停摆的问题，加深了"不要把鸡蛋放在一个篮子里"的意识，分散化生产或供应链多元化将成为未来全球供应链调整的重要方向。特别是美欧将推动改变目前"以中国为中心的全球供应链体系"的状态，通过增加我国以外采购来源地或者通过多国投资，来提高其供应链的多元性，降低从我国集中采购的风险。

**3. 供应链区域化。**近年来，随着 WTO 作用弱化，区域内经贸合作加强。据麦肯锡公司测算，自 2013 年以来区域内贸易占全球贸易的比例提高了 2.7 个百分点，目前欧盟 28 个国家和亚太地区超过半数的商品贸易在区域内进行。2020 年上半年，东盟取代欧盟成为我国第一大贸易伙伴。在各种区域协定推动下，全球供应链将呈现由北美供应链网络、欧盟供应链网络、亚洲供应链网络"三足鼎立"格局。

# 二、我国产业转移新趋势

**1. 劳动密集型产业加速向东南亚等国转移。**金融危机后，受劳动力成本，以及土地、资源、环保等综合性成本上升的影响，我国传统制造业的比较优势不断下降。在中美贸易摩擦背景下，劳动密集型产业向东南亚及其他低成本国家的转移态势呈现进一步加速状态。从 1998—2019 年，我国劳动密集型产业产品出口在出口总产品中比重持续降低，作为其中比重较大的纺织服装行业出口比重下降尤为明显，已经由 1998 年的 44.07%下将为 2019 年的 20.83%（见图 9-1）。从中美双边贸易看，2015—2017 年，即中美贸易摩擦之前，我国对美出口商品比重下降主要体现在劳动密集型商品方面，如箱包、鞋类、毛衣等比重分别从 2015 年的 64%、53.7%和 37.7%，下降至 2017 年的 58.2%、47.9%和 33%。与我国对美劳动力密集型、低附加值商品出口份额有所减少相对应的是，东盟对美出口的劳动密集型商品份额明显上升。以箱包为例，美国来自东盟的进口份额从 2015 年的 16%提升至 2019 年 33%，四年翻了一倍。

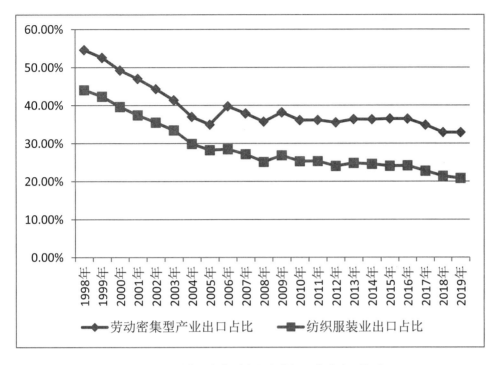

图 9-1　我国劳动密集型产业和纺织服装业出口比重

**2. 中高端技术密集型制造业回流压力逐渐凸显。**近年来，电器和机械设备、运输设备、电子产品等技术密集型制造业在我国出口产品的比重一直在50%以上。中美贸易摩擦发生以来，美国针对我国出口商品加征关税，随着征税范围不断扩大，我国中高端制造业首当其冲。2018 年以来，我国技术密集型产品对美出口份额一改上升趋势出现明显回落（见图 9-2），如我国 2017 年计算机出口在美国进口份额中比例曾高达 60%，但 2019 年这一比例下降至不足50%；我国办公机器零件出口 2017 年在美国的份额比重高达 67.6%，但 2019年这一比例下降至 30%，份额腰斩。而与劳动密集型产业不同的是，承接对美国高附加值商品出口更多的是美国的近邻墨西哥。2019 年我国对美计算机及部件出口从 2017 年的 503 亿美元下降到 2019 年的 448 亿美元，减少 55 亿美元；其间，墨西哥对美国计算机出口份额从 2017 年的 200 亿美元上升至 2019 年 272亿美元，新增的 72 亿美元出口完全抵消了来自我国进口的下降。根据 Gardner Intelligence 发布的《世界机床调查报告》，2019 年全球前 15 大机床消费国中，我国市场机床消费量同比下降 25.3%，是全球消费量下滑最多的国家，而美国和墨西哥在全球机床消费量份额明显增加。

图 9-2　我国对美国技术密集型产品出口比重

**3. 中美贸易摩擦下我国企业加速向越南、墨西哥等国转移。**从我国对外直接投资与外商直接投资的差额情况来看，我国从 2014 年左右即出现了"走出去"的倾向，差额的扩大不仅反映了我国对外投资的步伐越迈越大，背后其实包含着产业转移的因素（见图 9-3）。结合其他国家 FDI 数据来看，我国对于泰国、马来西亚等国的 FDI 投资在 2015、2016 年出现高峰，对于越南、墨西哥则在近两年出现提升（见图 9-4），我国产业转移已经早在潜在经济增速下滑的初期阶段就已经发生，加征关税的影响，更多是趋势过程中的催化剂，在短期带来产业转移的加速。其中，我国企业为规避贸易壁垒加大对越南、墨西哥等地投资已经渐成为趋势。特别是 2019 年后，越南多项新的对外贸易协定生效，越南对外贸易出口关税优势进一步凸显，特别是以出口美国市场为主企业的产业转移热情大大提升。2019 年，我国对越南的投资总额增长 65%，在全球对越南投资的 125 个国家和地区中排名第五。

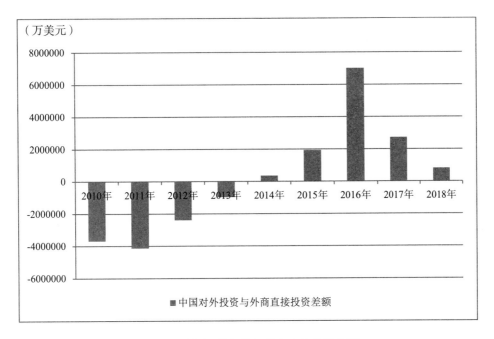

图 9-3 我国对外投资与外商直接投资差额

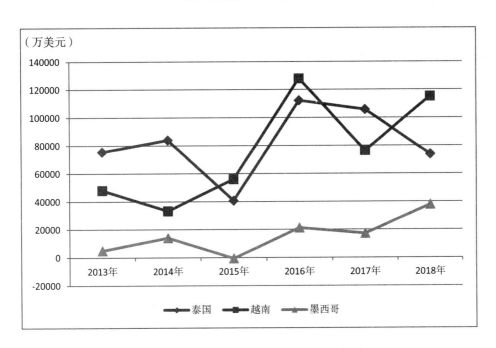

图 9-4 我国对泰国、越南、墨西哥 FDI 投资

**4.外商直接投资中的生产性服务业比重逐渐超过制造业。** 随着我国经济结构的转型升级，外商投资企业对我国的投资领域呈现结构性变化，劳动密集型

加工贸易的外资营商环境吸引力下降，对市场寻求型外商直接投资的吸引力显著提升。特别是随着我国生产性服务业外资营商环境不断优化，低成本劳动力制造业外商直接投资所比重重明显降低，服务业特别是生产性服务业外商直接投资比重上升。从 2016 年起，我国生产性服务业外商直接投资额占全部行业外商直接投资额比重首次超过制造业。2018 年，我国生产性服务业外商直接投资比重达到 37.98%，比制造业外商投资比重高 7.47 个百分点（见图 9-5）。

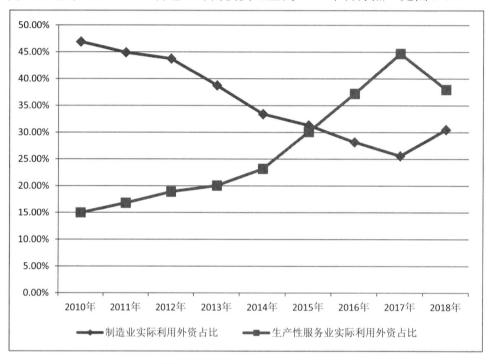

图 9-5　我国制造业和生产性服务业实际利用外资比重

## 三、政策建议

产业转移是推动国际国内双循环新发展格局的关键着力点和重要抓手。在全球供应链重构和产业转移新趋势下，我国产业转型升级和产业迁移过程中要避免走上国外"去工业化"的老路，通过采取相关措施，推动产业有序转移，培育区域经济新动能和国际竞争新优势。

一是巩固劳动密集型产业传统优势地位，保持产业链完整性。巩固纺织、轻工等劳动密集型产业的优势地位，充分发挥其吸纳就业岗位的积极作用。推动劳动密集型传统优势产业向中西部地区有序转移，创造有利于劳动密集型产业发展的政策环境。引导劳动密集型产业在产业转移过程中实现转型升级和优化布局。

二是供需两端协同发力，稳定国内高端制造业产业链。加大对先进制造业、战略新兴产业投入力度，推动产业向全球产业链、价值链高端攀升。加快释放消费潜力，继续推进消费升级，培育开拓国内相关高端制造业广阔市场，发挥对高端制造业强大支撑作用。

三是推动东西部产业合作，打通产业由西部向东部转移的"内循环体系"。充分利用我国市场广阔、区域差异大等优势，鼓励区域产能合作，构建"东部研发设计、品牌营销—中西部生产"的雁阵发展模式。提高中西部和东北地区承接国内外产业转移的能力，完善产业配套设施，打造制造业综合成本洼地，承接国内外制造业集群式转移。

四是以"融入本地化"为战略主线，优化制造业对外投资布局。加快推动我国制造业企业对外直接投资，以我国企业的主动走出去，顺应全球供应链本土化、多元化、区域化的诉求。鼓励企业通过占领高端市场继续深度嵌入美欧主导的全球创新网络。加强我国本土制造业"母工厂"建设，依托"母工厂"建设确保我国先进制造技术和工艺能力的持续创新和提升。

**（本章由宋晓晶、黄馨仪负责编写）**

# 第十章
# 疫情背景下对我国产业转移的思考和建议

随着疫情在世界范围的蔓延，我国面临订单减少、一些行业标准得不到认可等外部挑战，产业发展和梯度转移受到了较大影响。制造业是实体经济的主体，打造具有国际竞争力的制造业是应对国内外形势变化，实现强国之路的必然选择。面临复杂形势，我国要不断完善产业转移政策，强化精准施策，优化产业布局，保障产业安全，形成统筹有力、分工合理、合作共赢、安全可控的产业发展新格局。

## 一、疫情下产业转移的新动态和趋势

### （一）多国政府提出拟支持企业回流发展

经济全球化进程中，各国产业间分工合作关系紧密，在疫情影响下，部分国家和地区产业的停滞，也对其他国家产业链发展带来很大影响，疫情后各国将考虑建立独立完整的产业链，从而减小风险。当前疫情在全球范围的蔓延重创各国经济发展，致使经济下滑，失业率上升，基于政治和经济发展需要，部分国家已经提出拟支持企业回流发展。如美国白宫经济顾问拉里·库德洛提出，吸引美国企业从中国回流，将回流支出 100%直接费用化，政府为美国企业撤离中国的费用买单；日本政府公布了 2435 亿日元（约合人民币 158 亿元）用于"改革供应链"，其中 2200 亿日元（约合人民币 143 亿元）用于资助日本企业将生产线转移回日本本土，235 亿日元（约合人民币 15 亿元）用于资助日本公司将生产转移到其他国家以实现生产基地多元化。

## （二）长期来看全球化仍然是大趋势

首先从企业角度看，成本和利益仍然是重要考量因素。企业进行全球化布局，是对交通、市场、人力、水电气等各种成本的综合考量，若强制企业迁回国内，反而增加企业成本，得不偿失。其次从产业环境看，很多国家不具备构建完整制造业体系的条件。重新构建产业链体系需要技术、人工、土地、管理等多方面条件，而发达国家的劳动力成本高、土地紧缺，很多企业家、工人也不愿从事这些"低端"产业。再次是中国等发展中国家对投资的强有力的吸引。随着我国迅速控制疫情、全面推进复工复产，外资企业在华生产经营逐步走向正常，外国投资者信心逐步增强。根据中美商会 2020 年《中国商务环境调查报告》，尽管美国在华企业面临疫情等一些问题，但长期看，中国仍会是大多数在华美资企业的重点市场；华南美国商会疫情影响报告显示，75%的受访企业表示，无论疫情影响如何，不会改变在华再投资计划。

## （三）我国与国际间的产业转移向服务型、技术型转变

当前，我国一方面在积极吸引外资，承接国际产业转移，一方面也在继续对外投资向国外转移，总体上吸引外资降幅大于对外投资降幅，并逐渐向服务型、技术型方向转型。从吸引外资来看，2020 年一季度，虽然由于疫情影响，全国实际使用外资为 2161.9 亿元，同比下降 10.8%，但高技术服务业实际使用外资同比增长 15.5%，占服务业比重达 29.9%，其中，信息服务、电子商务服务、专业技术服务同比分别增长 28.5%、62.4%和 95%，我国在吸引外资方面

逐渐向高技术服务方向发展。从对外投资来看，2020 年一季度我国对外投资 1690.3 亿元，同比下降 0.6%。其中，制造业对外投资同比下降 38.5%，而 2020 年一季度租赁和商务服务业、批发和零售业对外投资同比分别增长 39.7%、59.6%，占对外非金融类直接投资的比重分别达 39.9%、15.2%，我国海外投资逐步从制造业向服务业方向转变。

# 二、我国产业转移面临的挑战

## （一）部分区域和产业发展过度集中，产生"一篮子鸡蛋"风险

当前，我国产业布局仍然很不平衡，部分区域和产业发展过度集中，由此也带来"一篮子鸡蛋"风险。集中了大量制造业的湖北省，在受到疫情影响后，对我国集成电路、新一代信息技术、汽车等产业造成极大影响。如湖北省每年汽车产量 200 多万辆，占全国产量的 9%，此外还有 1000 多家零部件企业，供应湖北省乃至全国。再例如，湖北省仙桃市彭场镇是我国最大的无纺布制品加工出口基地，生产全国 60% 的无纺布产品，占据全球市场份额的四分之一，由于疫情的严重影响，极大制约了无纺布下游的口罩、防护服等的供给。

## （二）缺乏品牌效应和行业标准，阻碍产业向世界转移

我国拥有独立完整的现代工业体系，但是很多产业链的关键环节受制于人，产品尚未形成品牌效应，即使很多优势产品如口罩，也没有形成广泛认可的产品标准。如荷兰媒体报道中国口罩不达标，后虽经调查，其为"非医用口罩"，但对产品形象产生不良影响；作为全球最大的口罩生产国，中国标准未进入美国食品药品监督管理局（FDA）签发的紧急授权准入标准，即使后来FDA 对中国口罩"松绑"，但是对中国标准并未认可。行业标准在国际上得不到广泛认可，将对我国产品走向世界、产业向世界转移产生很大影响。

## （三）外需减少、内需不足，影响投资水平和产业转移承接

当前随着我国逐步从疫情中走出，企业复工复产稳步推进，但疫情在世界范围的蔓延导致海外经济停摆、需求不振、订单减少。如纺织行业 2020 年 3 月以来大量出口订单出现延迟或者取消，新增订单也大幅减少。据中国棉纺织行业协会对 100 多家重点企业的调查结果，反映订单不足的企业比重达到 63.6%。同时国内消费也并未出现报复性反弹，相反由于停工停业导致很多家庭收入减少，加上中国人的消费习惯、房贷车贷等因素影响，内需不足也导致经济面临较大压力。2020 年一季度全国居民人均可支配收入 8561 元，扣除价格因素，实际下降 3.9%；全国居民人均消费支出 5082 元，扣除价格因素，实际下降 12.5%。外需减少、内需不足，甚至导致部分地区出现复工又停工现象，影响外商投资水平和国内投资积极性，导致产业承接和转移水平下降。

# 三、政策建议

## （一）完善转移政策，提升承接能力

一是完善转移政策，建立适宜转移的制度机制。按照"大分散、小集中"原则，提升中心城市和城市群核心竞争力和辐射带动力；周边城市及中小城市做好产业定位，积极配套，与中心城市优势互补、合作发展。二是提升资源整合能力，不断创新区域间分工合作模式、利益共享模式，打通产业链上下游间沟通障碍。三是加快启动消费市场。短期内，通过补贴购置耐用消费品、文化用品和旅游产品的方式，刺激消费需求；长期看，大力培育中西部地区消费市场，使中西部中心城市和城市群成为企业进行转移的目标。

## （二）坚持分类指导，强化精准施策

一是公共安全物资产业涉及国家经济和产业安全，关乎人民生命财产安

全，如与粮食、医疗、交通、应急等息息相关的产业，这部分产业应由国家做好预警和防控，严格把握产业转移比例，掌握产业链的主动权和控制权。二是战略性产业为对经济社会全局和长远发展有重大引领带动作用的产业，如生物技术、航空航天、高端装备制造等，要加强资金投入、重视技术创新，推动产学研结合，发挥其在经济发展中的引领作用。三是对于新技术、新产业、新业态、新模式，要鼓励创新，留足发展空间，并坚守质量和安全底线；四是对于一般传统产业，政府要统筹布局做好规划，引导其在产业转移过程中实现梯度转移、优化布局，对民族特色产业、特别优势产业，要根据产业特色进行指导。

## （三）优化产业布局，保障产业安全

一是要优化产业布局，通过将产业链在不同地区、不同企业的合理布局，形成分工合理、适度集聚、风险分散的产业格局。二是加快国际产能合作，整合国外原材料和关键零部件供应、中间品配套、研发品牌等上下游资源，推动全球化运营战略由资源获取向资源配置整合转型。三是加强各地产业转移数据统计制度建设，推动部门间数据共享，建立政府大数据共享机制。四是建立产业链安全预警机制，制定产业链安全评价指标体系，针对关系国计民生的关键领域产业，对可能出现的风险和已经出现的问题，及时采取措施，防范和化解安全风险。

（本章由孔腾淇负责编写）

# 第十一章
# 疫情下我国制造业产业链的反思及措施建议

疫情已经成为 2020 年影响全球的"灰犀牛"事件，同时也给了我们一个重新审视我国产业链的全新视角。制造业应顺应产业链数字化转型的趋势，破解产业链碎片化与过度集中并存的问题，厚植国内产业基础，通过产业转移优化产业布局，增强产业链韧性，构建产业发展质量高、产业安全保障能力强的新型产业布局。

## 一、疫情下制造业产业链发展趋势

### （一）工业互联网推动产业链加速数字化转型

在此次疫情中，工业互联网平台凭借其信息汇聚、在线作业、异地协同和远程服务等优势，纵向整合产业链，帮助工业企业复工复产，有效降低了疫情的负面影响。如三一重工、工业富联、比亚迪等企业基于其在工业互联网的布局深耕，打通了原材料采购、设备制造、产品生产等全产业链，精准对接上游供应商与物流服务商，实现各环节的畅通。不仅助力企业快速跨界转产口罩等防疫物资，而且在火神山、雷神山医院建设过程中开展了跨行业、跨领域全面协作，保障了两大医院的顺利交付。后疫情时代，工业互联网将发挥更加重要的基础设施作用，催生制造业以"线上"和"工业互联"为特征的"场景式"变革，加速制造业数字化转型。

## （二）供应链风险促使企业走向多元化布局

日前我国严重的疫情及短期复工复产困难，造成许多领域供货中断，单一供应链脆弱性初现端倪。根据邓白氏商业资料公司的评估，在《财富》1000强企业中，有94％经历了新冠病毒带来的供应链中断。而随着疫情在世界范围内扩散，特别是日韩和欧美疫情明显上升，全球供应链进一步受到冲击。英国政府早在2019年就推动涉及5G和光纤网络的"电信供应链多元化"。这次疫情暴发使更多企业意识到单一供应链的风险和危害，为降低对单一供应链的依赖，避免"把所有鸡蛋放在同一个篮子里"，未来多数企业必将积极推动供应链向多元化发展。

## （三）涉及国家安全的供应链将更加反全球化

疫情冲击促使部分国家将关键产业供应链本土化。以生物医药为例，我国在全球药品供应链占据重要地位，美国部分药品的原材料几乎全部来自中国，法国有80％至85％的活性药物成分依赖中国生产，印度有70％的原料药依赖中国。为了降低关键领域对外国的依赖，目前多国都启动了供应链回迁。因此，基于国家安全考虑，未来涉及社会公共安全的物资生产，或对国家安全至关重要的产业，如食品、生物医药、医疗器械、重大装备等将大概率出现反全球化趋势。

# 二、我国制造业产业链面临的问题

（一）产业链布局分散化和片段化导致资源配置效率低。在此次疫情的物资保障过程中，我国中西部地区产业链分散化和片段化的现象比较严重。例如，湖北省崇阳稳健医用纺织品有限公司是省内最大的生产防护服的企业，但其重要包装材料——医用透析纸，仍需要从远在浙江省龙游县的恒达新材料进行配套。产业链布局分散化的原因主要在于，近年来中西部省份通过释放政策红利等办法竞相争抢数量有限的东部地区产业转移，"撒胡椒面"式的摊薄效应必然使承接的产业转移项目在空间分布上分散化，造成"只见项目而不见产业"的现象。片段化的原因主要在于，受限于中西部区域消费市场容量和人力、技术等要素条件，再加上营商环境的落后，即使某些产业链条从东部地区以集群式转移的形式转移过去，也较难发展为成熟完整的产业链条，而只是发展了产业链其中的一个片段。产业链的集聚和规模经济效应是其核心竞争力，如果没有形成协同效应，必然会导致资源浪费、跨地区资源配置效率不高等问题。

（二）部分区域和产业发展过度集中影响产业链安全。疫情下，汽车产业链遭受重创、湖北省停工停摆复工缓慢，由此反映出的我国产业链布局安全问题需要重视。适当的区域集中和产业集聚是增强地区经济实力的有效途径，但如果过度集聚于某个地区，同样会对产业链安全造成不利影响。从区域来讲，我国多个省市由于虹吸效应存在"一城独大"的区域经济结构，2018年，宁夏回族自治区、吉林省、四川、湖北省的省会城市的生产总值分别占到了全省的52.2%、42.7%、37.6%和36.7%，且由于虹吸效应都存在比重继续提高的趋势。这种区域经济格局在"一城"遇到外部风险冲击时，容易陷入较大发展困局。从行业来讲，我国部分行业也存在集中布局过高的现象。事实上，我国众多细分产业都集聚在特定的区域，尽管这些产业集群为区域经济发展提供了强大支持，但是，产业链上某一个环节过于集中的布局也就意味着一旦出现风险整个产业链条就缺乏足够的弹性来应对冲击。

（三）我国产业链向高端升级进程进一步受阻。近年来，我国正处于补齐制造业短板、推动产业迈向价值链高端的关键时期。而美国已经在动用国家力量采取各种手段压制中国高端制造业领先企业的发展，意图切断中国科技产业的供应链，破坏中国的产业升级进程。当前国内外疫情决战还未完全胜利，国际交流不畅，影响部分关键产品进口，有可能会阻碍我国产业向中高端迈进。例如，我国是全球半导体材料和设备的主要采购国，特别是对日韩在上游的硅晶圆、光刻胶等原材料、中下游的存储芯片等领域高度依赖。据日本方面的数据预测，2019 年华为从日本采购零部件比上年增长 48.1%，达到 1.23 万亿日元，日本成为华为最大的零部件供应国。

# 三、政策建议

## （一）产业转移促进国内产业空间布局合理化

一是加强产业转移规划引导，按照区域、省、市分层次统筹产业布局，既要突出地区产业发展的特色，又要防止产业过度集中。建立科学规范的区域产业发展评价和预警体系，分行业分区域测算产业发展的合理规模区间；二是发展城市群和都市圈，在各省除首位城市外，有意识地培育 1~2 个次中心城市，形成金字塔型格局，避免只依赖少数核心城市，形成区域一定程度的自供给和自保障能力，增加区域抗风险能力；三是有序推进"集群式"产业转移，尊重市场规律，引导东部地区能源、纺织、食品等劳动、资源密集型产业，以及电子信息、仪器仪表等技术密集型产业以产业链的方式集群式向中西部地区转移，避免中西部地区产业链碎片化现象，增强我国产业链韧性；四是创新产业转移模式，鼓励区域间通过品牌输出、大企业主导、对口帮扶、PPP 等多种模式发展飞地经济、共建产业园区，支持各合作主体间建立税收增量分享、产值协商统计、用地指标分配、土地出让金分享、环境和能源指标分享等成本分担和利益共享机制，实现互利共赢。

## （二）提升资源整合能力优化国际产业布局

一是加快国际产能合作，整合国外原材料和关键零部件供应、中间品配套、研发品牌等上下游资源，推动全球化运营战略由资源获取向资源配置整合转型。二是优化国际产业布局，在维系欧美传统出口渠道的同时，支持企业积极融入"一带一路"倡议，扩展非洲、欧洲、拉丁美洲等多元化国际市场，拓宽贸易渠道，分散贸易风险。

## （三）构建安全可控且持续的供应链体系

一是构建供应链风险预警评价指标体系，建立关键产业的供应链安全评估制度，建立整个产业的供应链安全清单，促进对供应链的主导力和管控力；二是确保基本民生保障用品、应急保障用品、医疗保障用品等供应链的安全可靠，构建快速反应、有序运转的民生保障和应急物流供应链体系；三是通过互联网、人工智能、机器人、大数据平台等技术在实现虚拟集聚的基础上，重构生产模式，通过核心企业更精准、快速地触达上下游中小企业，提高供应链资源整合效率。

**（本章由冯媛负责编写）**

# 第十二章
# 中西部产业转移调研报告

当前，我国产业转移的国内外环境发生了深刻变化，全球供应链正面临重构，国内区域间发展不平衡不充分问题依然突出。

## 一、中西部地区承接产业转移的举措及成效

近年来，中西部各省区在产业基础、硬件设施、营商环境、服务水平等方面取得了长足进步，承接国内外产业转移条件不断完善，一大批科技含量高、带动效应强的项目纷纷落地，为中西部产业转型发展注入了强劲动力。

（一）顶层设计不断强化。中西部地区高度重视产业转移工作，多个省份完善产业转移工作机制，出台多项产业转移政策，推动产业转移项目精准落地和有序承接。如湖北省设立省级层面的武汉城市圈承接产业转移工作联席制度，共同推进武汉城市圈产业有序转移，推进圈域信息交流和协作机制建设，完善产业双向转移和协作配套，促进市场全面开放和生产要素在圈域内的合理流动。甘肃省就疫情期间产业合作工作制定下发了《甘肃省工业和信息化厅关于做好承接产业转移有序推进产业合作的通知》，夯实产业合作工作基础，加强项目征集、开展政策引导、强化产业宣传、搭建合作平台，指导和帮助企业

加快承接产业转移项目复工。

（二）**机制和模式逐步完善**。各省积极发挥自身产业发展优势，探索有效承接东部沿海产业转移的路径和模式，采取"飞地经济"、合作共建园区等方式，推动省际优势互补、互利合作。如安徽省利用长三角一体化发展模式构建产业链，在长三角区域按要素和比较优势进行布局，蔚来汽车的创新中心在上海、"三电"配套在江苏、整车制造在安徽。陕西省以通汉（南通、汉中）扶贫协作为契机，以"区中园"建设为载体，努力构建产业转移新模式。通过"定制性"支持政策，将土地供给、税收奖补、就业培训、脱贫攻坚等优惠政策向"区中园"倾斜，大力支持"区中园"建设，已呈现出多点开花、各具特色、竞相追赶、齐头并进的良好态势。

（三）**产业转移成效持续增强**。中西部各省根据各地区资源禀赋和比较优势主动谋划，搭建多种形式的招商引资平台，不断创新招商引资机制，拓宽产业承接渠道，一大批重大产业项目签约落地。如湖南省 2020 年上半年，招商引资实际到位资金 4847.4 亿元，同比增长 16.6%。全省实际使用外资金额 104 亿美元，同比增长 8.6%，其中制造业比重约 33.1%。四川省在 2016 年至 2019 年共引进到位国内省外资金 4.11 万亿元；共签约引进投资项目 6429 个，投资总额 5.63 万亿元；来川落户世界 500 强企业新增 53 家、达 352 家，其中境外世界 500 强企业 244 家，居中西部第一。

（四）**营商环境不断优化**。近年来，中西部地区通过出台相关优惠政策、深入推进"放管服"改革等各项举措，推动中西部地区软硬环境不断优化，对东部产业转移的吸引力不断增强。如安徽省对标沪苏浙，大力开展创优营商环境提升行动，通过强化体制接轨、政策对接等方式，促进各类生产要素在区域间自由流动和高效配置，着力营造零障碍、低成本、高效率的营商环境。宁夏回族自治区出台一系列优化营商环境的政策文件，企业开办时间压缩在 3 个工作日内，全面开展"不见面"审批工作，实行全程网络化办理，"不见面"服务事项比率已达到 100%。

（五）**产业园区承载力不断增强**。为提升承接产业转移吸引力，各地大力推进产业园区建设，增强园区产业承载能力，夯实承接产业转移的基础和条件。如云南省大力推进工业园区和产业基地建设，保山工贸园、广南鞋服生产基地、红河高康服装产业园、砚山工业园区、陇川轻纺产业园等纺织服装专业园区成为该省承接东部产业转移的重要基地和面向东南亚、南亚的重要的出口加工基地。四川省加强园区产业承载能力建设，建成一批集建设开发、融资担保、研究设计、质量检测、教育培训、专业物流、标准厂房等于一体的公共服务平台，夯实承接产业转移的基础和条件。在《中国开发区审核公告目录》（2018年版）中，四川省有134个开发区纳入公告目录，总数位居全国第5位。

# 二、存在的问题

一直以来，中西部地区在产业转移过程中都存在人才储备匮乏，水电气等成本较高，产业配套能力不足等问题。近年来，东部向中西部产业转移动力不足，总体已经趋缓。在当前的国内外政治经济环境下，中西部地区承接产业转移将面临更多的困难和问题。

（一）**新时期中西部承接产业转移面临多重压力和挑战。**当前，世界经济处于百年未有之大变局，全球单边主义、保护主义抬头，美国、日本等发达国家采取多项政策推动制造业回流本国。与此同时，随着我国中西部地区经营成本上升和中美贸易摩擦逐渐升级，以纺织服装、电子信息为代表的加工制造业越过中西部地区，向越南等东南亚国家直接转移。从吸引外资流入看，2018年以来，我国吸引外商投资项目数出现显著下降，其中美国对中国投资增速明显较低，对墨西哥、越南、印度等国投资快速上升。目前，中西部在承接产业转移上缺乏顶层设计和规划，地方政府恶性竞争导致中西部地区承接产业转移分散化、碎片化。由于中西部地区物流成本较高、缺乏熟练工人、产业配套不全等因素，东部沿海地区综合要素成本并没有显著高于中西部地区，加之较好的区位和制度环境等因素，浙江、广东等部分发达省份的单位制造业从业人员产值已经明显低于中西部一些省份，进一步限制了产业向中西部地区转移。

（二）**东部地区向中西部产业转移趋缓。**近年来，随着国家区域协调发展战略不断推进，国内各区域要素成本及政策优惠逐渐拉平，我国大规模产业转移动力减弱，东部向中西部产业转移趋缓。从中西部地区工业增加值比重看，

自 2001 年国家提出西部大开发战略到 2010 年 10 年间，中西部地区工业增加值占全国比重逐渐提高，从 2001 年的 31.25%逐渐上升为 2010 年的 38.15%，到 2014 年达到峰值 40.67%。从这之后中西部地区工业增加值比重处于停滞不前态势，2018 年为 41.08%，五年间仅增长 0.41 个百分点。从制造业城镇单位从业人员数量看，近年来，西部地区制造业城镇单位从业人员数量比重逐渐下降，从 2008 年的 15.67%下降为 2018 年的 13.41%。总体看，东部向中西部转移产业层次较低，主要集中在资源密集型、加工贸易等传统行业，产品附加值较低。同时，由于东部沿海地区出口加工型的发展模式，在制成品生产过程中，关键的装备和材料都来自国外，而中西部地区加工制造和原材料工业等没有能够很好地融入东部地区生产体系，在产业转移中，东部沿海地区的发展对中西部及产业发展的带动作用不强。

（三）中西部地区对外开放合作水平亟待进一步提高。近年来，中西部地区的对外开放水平不断提高，但与全国平均水平相比仍有很大差距，参与国际循环程度不高。从外贸依存度上看，从 2001 年到 2019 年，中西部地区外贸依存度从 12.41%上升为 23.42%，上升了 11.01 个百分点。尽管近年来东部地区的外贸依存度已经出现下降态势，但中西部地区与东部地区和全国平均水平相比，仍有较大差距。2019 年，中西部地区外贸依存度与东部地区相差 29.81 个百分点，参与国际循环有较大提升空间。此外，在全国已经设立的 21 个自贸试验区中，沿海省份已实现全覆盖，中西部地区只有 9 个，数量不到一半。其中，中部地区仅有山西省和江西省未列入自贸试验区行列，而西部地区有一大半省份未列入自贸试验区行列。随着西部地区各省份参与"一带一路"建设进程的不断深入，自贸试验区急需向西部地区进一步拓展。

（四）中西部城市核心城市群在产业转移中的辐射带动作用有待加强。目前，在国家定位的七大城市群中，有四个位于中西部地区，分别是长江中游城市群、中原城市群、成渝城市群及关中平原城市群。与京津冀、长三角、珠三角城市群对比，中西部城市群主要处于发育期和萌芽期，核心城市能级偏低，圈内中小城市产业结构单一、生产规模较小，聚合高端生产要素和对外辐射带动能力有限。以上升为国家战略的成渝城市群为例，2019 年重庆市生产总值 23605.77 亿元，成都市生产总值 17012.65 亿元，其他城市生产总值最高的绵阳市为 2856.20 亿元，仅为重庆市和成都市 12%和 16.7%，城市群内部呈现"双核独大"格局，缺少核心节点城市，在产业转移中难以围绕中心城市形成产业配套。成渝两地在产业转移中分工协作不够充分、竞争大于合作。重庆市和成都市均将汽车制造和电子信息产业作为支柱产业大力发展，大力承接国内外产业转移，特别是在汽车产业发展领域呈现较为激烈竞争。

（五）**转移企业根植性较差。**部分中西部地区在承接产业转移时，未能有效结合本地资源优势和产业发展规划进行承接，对承接项目的产业属性、产业关联度、产业带动能力关注度不够，存在盲目承接和发展现象，导致落地企业根治性差，难以融入当地产业发展。此外，一些地区产业配套能力不强，生产性服务业发展滞后，难以满足转移企业的配套要求，限制了产业转移的规模和层次。调研中，湖北省反映当地产业承载和配套能力不足，导致原材料和市场"两头在外"，生产需要的核心物品，模具、五金等，甚至螺母、垫片一类的基础配件都要依赖外购，大大增加了企业成本负担。云南省反映当地与接壤国家、邻边省市的陆路交通、航运交通尚欠发达，通而不畅，企业加工的产品仍需返回内地销售或从东部沿海港口出口，物流成本居高不下，限制了云南省相关产业与东南亚、南亚的新兴市场的联络和发展。

（六）**老少边穷等特殊类型区域发展滞后。**中西部内陆地区集中分布着革命老区、少数民族地区、边境地区，各自面积占国土总面积比重分别约为9%、63.9%、20.8%，同时大多也是贫困人口集中区域，很多又属于生态敏感脆弱的退化地区，而且这几类特殊类型地区很多又存在交叉重叠。这些区域共同存在的问题是经济发展水平、基本公共服务水平、对外开放水平、市场化水平较低，本身就缺乏人才、技术和资金等优质生产要素，而且长期处于要素流失状态，极大地制约自我发展能力的培育，进一步拉大了与东部沿海发达地区的差距。

# 三、政策建议

（一）**加强承接产业转移工作的顶层设计。**一是建立健全各部门间、地区间产业转移统筹协调机制，明确责任分工，形成工作合力，解决工作推进中的重大问题。二是加大产业由东部向中西部地区转移支持力度，深化东中西之间的区域合作，推动中西部地区土地、矿产、能源、人文等优势和东部沿海发达地区资金、技术、管理、人才等优势有机结合，跨区域共建产业园区，探索新型"飞地经济"发展模式。三是鼓励不同地区探索适合自身发展的合作共建和利益分享机制，加强对典型机制的研究和推广。

（二）降低中西部地区转移企业成本。一是探索高新技术企业认定、药品生产许可证、贸易便利化资质等跨省转移资质互认制度，降低企业转移的制度成本。二是加大税收优惠力度，调低中西部地区企业所得税优惠税率，试行西部大开发税收优惠和高新技术企业税收优惠叠加。三是加大土地、资金、技术、人才、环境容量等支持力度，打造制造业综合成本洼地。四是逐步建立运输服务一体高效的综合交通运输体系，着力降低交通物流成本。

（三）夯实中西部地区承接产业转移能力。一是鼓励中西部地区以本地优势产业为核心，绘制重点产业链图谱，挂图作战，通过"强链、延链、补链"，提升产业转移的承接和配套能力。二是发挥中西部地区城市群在产业转移中的带动引领作用，提升城市群综合承载能力，鼓励城市群内各城市发挥比较优势，通过产业转移形成内部大中小城市间合理分工。加快中西部地区中心城市和城市群基础设施建设，大力发展检验检测、现代物流、信息服务等生产性服务业，提升中西部地区"硬件""软件"实力。三是支持有条件的地区建设国家产业转移试验区，开展体制机制创新与政策先行先试。四是加强产业园区载体建设，探索园区市场化开发运营模式，采取特许经营、资本合作等多种方式吸引社会资本参与园区建设和运营。

（四）加大中西部地区对外开放合作支持力度。一是推动中西部地区积极参与和融入"一带一路"建设，充分发挥各省优势，建设丝绸之路经济带重要通道和节点。二是加强中西部地区对外沿边的区域合作，发展边境贸易商品市场和商贸中心，以边境经济合作区为主要载体，培育沿边特色优势产业。三是大力发展中欧班列，深化陆海双向开放，进一步加强连接口岸的交通设施建设，推动与境外交通设施互联互通。四是积极构建开放平台，加大对中西部地区自由贸易实验区和内陆开放型经济实验区建设支持力度。

（五）加大对中西部特殊地区产业转移扶持力度。一是加大构建完善革命老区、民族地区、边疆地区、资源枯竭型城市和老工业基地等特殊类型地区振兴发展的扶持政策体系。二是鼓励各区域根据自身资源禀赋和比较优势，制定产业转移的发展方向和承接重点。三是以产业转移和区域开发带动扶贫开发，加大通过支援产业发展带动扶贫工作的力度，着力增强贫困地区自我发展能力，防止返贫。

（六）**健全服务和示范推广体系**。一是进一步发挥"线上+线下"两种手段、两个平台的作用，完善国家产业转移信息服务平台，丰富产业转移系列对接活动和专题活动，推动跨区域产业转移合作。二是建立产业转移数据统计体系，推动部门间数据共享，完善产业转移项目信息库。三是在全国开展合作共建园区优秀案例遴选活动，总结一批示范带动性强、可复制可推广的典型经验，发布优秀案例集。四是深入研究产业转移先进模式，总结模式特点、促进模式创新和应用推广。

**（本章由宋晓晶负责编写）**

# 附录 A

# 相关地名全称与简称一览表

在本书叙述中，对我国各省区市及一些城市、国家的名称的表述，根据语义以全称和简称一为主；对于一些以简称二为主的固定用法，尊重已有的使用习惯和搭配，沿用简称二，如京津冀、粤港澳大湾区、赣鄂湘，等等，文中不做一一注释。

表 A-1 为本书涉及的各省区市全称与简称一览表，表 A-2 为本书涉及的主要城市全称与简称一览表。

表 A-1　全国各省区市全称与简称一览表

| 全　　称 | 简称一 | 简称二 | 组合简称 |
|---|---|---|---|
| 北京市 | 北京 | 京 | 京津冀 |
| 天津市 | 天津 | 津 | 京津冀 |
| 河北省 | 河北 | 冀 | 京津冀 |
| 山西省 | 山西 | 晋 | |
| 内蒙古自治区 | 内蒙古 | | |
| 辽宁省 | 辽宁 | 辽 | |
| 吉林省 | 吉林 | 吉 | |
| 黑龙江省 | 黑龙江 | 黑 | |
| 上海市 | 上海 | 沪 | 沪深 |
| 江苏省 | 江苏 | 苏 | |

（续表）

| 全　　称 | 简称一 | 简称二 | 组合简称 |
|---|---|---|---|
| 浙江省 | 浙江 | 浙 | 浙商 |
| 安徽省 | 安徽 | 皖 | |
| 福建省 | 福建 | 闽 | 闽粤 |
| 江西省 | 江西 | 赣 | 赣鄂湘 |
| 山东省 | 山东 | 鲁 | |
| 河南省 | 河南 | 豫 | |
| 湖北省 | 湖北 | 鄂 | |
| 湖南省 | 湖南 | 湘 | 湘粤桂 |
| 广东省 | 广东 | 粤 | 湘粤桂 |
| 广西壮族自治区 | 广西 | 桂 | 湘粤桂 |
| 海南省 | 海南 | 琼 | |
| 重庆市 | 重庆 | 渝 | 川渝 |
| 四川省 | 四川 | 川 | 云贵川渝 |
| 贵州省 | 贵州 | 黔 | |
| 云南省 | 云南 | 滇 | |
| 西藏自治区 | 西藏 | 藏 | |
| 陕西省 | 陕西 | 陕 | |
| 甘肃省 | 甘肃 | 甘 | |
| 青海省 | 青海 | 青 | |
| 宁夏回族自治区 | 宁夏 | 宁 | |
| 新疆维吾尔自治区 | 新疆 | 新 | |
| 台湾省 | 台湾 | 台 | 港澳台 |
| 香港特别行政区 | 香港 | 港 | 粤港澳 |
| 澳门特别行政区 | 澳门 | 澳 | 粤港澳 |

表 A-2　本书涉及主要城市全称与简称一览表

| 全称 | 简称一 | 简称二 | 示例 |
|---|---|---|---|
| 广州市 | 广州 | 穗 | 穗莞深 |
| 深圳市 | 深圳 | 深 | 深莞惠 |
| 东莞市 | 东莞 | 莞 | 深莞惠 |
| 惠州市 | 惠州 | 惠 | 深莞惠 |
| 武汉市 | 武汉 | 汉 | 汉十高铁 |
| 沈阳市 | 沈阳 | 沈 | |
| 贵阳市 | 贵阳 | 贵 | |

# 主要参考文献

[1] United Nations. World Economic Situation and Prospects 2021.

[2] WTO. World Trade Statistical Review 2021.

[3] IMF. World Economic Outlook.

[4] UNCTAD. World Investment Report 2021.

[5] 国家发展改革委政策研究室. 世界经济有望出现恢复性增长 复苏不稳定不平衡性凸显[J]. 求是，2021(03).

[6] 李晓华. 全球制造业格局演变与我国的应对之策. 经济日报，2021-02-22.

[7] 冯媛，张鲁生，王绍军等. 中国产业转移年度报告（2017—2018）[M]. 北京：电子工业出版社，2018.

[8] 魏后凯，白玫，王业强等. 中国区域经济的微观透析——企业迁移的视角[M]. 北京：经济管理出版社，2010.

[9] 韩保江. 黄河流域构建新发展格局的着力点. 河南日报，2020-12-4（7）.

[10] 袁佳，莫万贵. 全球产业链面临重构 中国如何力避"断链"与"脱钩". 财经，2020-10-08.

[11] 国家产业转移信息服务平台，http://cyzy.miit.gov.cn/.

[12] 叶建亮. 积极应对全球产业链重构. 中国社会科学网-中国社会科学报，2020-08-26.

[13] 赵霄伟. 京津冀产业协同发展：多重困境与韧性应对[J]. 区域经济评论，2020，48(06)，77-85.

[14] 赵延文. 京津冀产业协同发展回顾及展望（2014—2020）[J]. 中国经贸导刊(中)，2021(1).

[15] 叶振宇、张万春、张天华、张先林. "十四五"京津冀协同发展的形势与思路[J]. 发展研究，2020，411(11)，42-46.

[16] 国家统计局. 京津冀区域发展指数持续提升.
http://www.stats.gov.cn/tjsj/zxfb/202009/t20200928_1791984.html

[17] 何文海，张永姣. 环境规制、产业结构调整与经济高质量发展——基于长江经济带11省市PVAR模型的分析[J]. 统计与信息论坛，2021，36(04)：21-29.

[18] 王韬钦. 长江经济带战略与双循环新格局的耦合逻辑及机制构建[J]. 天津师范大学学报(社会科学版)，2021(02)：102-107.

[19] 王文鑫，杨庆媛，苏康传，毕国华，张忠训. 长江经济带开发区及其产业空间格局演变研究[J]. 长江流域资源与环境，2021，30(03)：519-533.

[20] 肖汉平. 发挥好长江经济带在构建新发展格局中的关键作用[J]. 国家治理，2021(10)：37-41.

[21] 程俊杰，陈柳. 长江经济带产业发展的结构协调与要素协同[J]. 改革，2021(03)：79-93.

[22] 田林. 长江经济带：畅通双循环的主动脉[N]. 社会科学报，2021-03-04(001).

[23] 李太平，顾宇南. 战略性新兴产业集聚、产业结构升级与区域经济高质量发展——基于长江经济带的实证分析[J]. 河南师范大学学报(哲学社会科学版)，2021，48(01)：78-87.

[24] 涂永红. 以绿色产业呵护生态长江[N]. 经济日报，2021-02-01(005).

[25] 吴楠，张清俐. 提升长江经济带发展水平[N]. 中国社会科学报，2021-01-27(001).

[26] 汪侠，徐晓红. 长江经济带经济高质量发展的时空演变与区域差距[J]. 经济地理，2020，40(03)：5-15.

[27] 黄庆华，时培豪，胡江峰. 产业集聚与经济高质量发展：长江经济带107个地级市例证[J]. 改革，2020(01)：87-99.

[28] 中华人民共和国国民经济和社会发展第十四个五年规划和2035年远景目标纲要. 求是网，
http://www.qstheory.cn/yaowen/2021-03/13/c_1127206301.htm.

[29] 王振，马双. 长江经济带经济发展总报告（2019-2020）. 推动长江经济带发展网，
http://cjjjd.ndrc.gov.cn/zoujinchangjiang/jingjishehuifazhan/202101/t20210121_1265579.htm.

[30] 周海旺，欧阳才宇. 长江经济带社会发展报告（2019-2020）. 长三角与长江经济带研究中心，
https://cyrdebr.sass.org.cn/2020/1223/c5775a100922/page.htm.

[31] 推动长江经济带发展网，http://cjjjd.ndrc.gov.cn/.

[32] 胡荣荣. 增创新优势："十四五"粤港澳大湾区高质量发展路径探析[J]. 中国发展观察，2020年第19-20期合刊：25-28.

[33] 阎梅，刘建丽. "十四五"时期粤港澳大湾区工业高质量发展的思路与对策[J]. 企业经济，2020(12)：53-56.

[34] 柳彦君. 产业梯度视角下的广东省产业转移研究[J]. 商业经济，2021年第2期：36-39.

[35] 曹靖，张文忠. 粤港澳大湾区城市建设用地和经济规模增长格局演变及协同关系[J].经济地理，2020年第2期：52-60.

[36] 珠三角地区产业与创新协同发展研究[J]. 经济地理，2020年第10期：100-107.

[37] 中国一带一路网. https://www.yidaiyilu.gov.cn/.